可不可以不要努力？

河浣HAWAN —— 著
陳采宜 —— 譯

不優秀、不成功、不富有的我，
選擇與他人眼中的「正確人生」決裂後，
才做回了及格的「自己」

하마터면 열심히 살 뻔했다

目錄

第二部 至少也要讓我隨心所欲一次

第三部 所謂的生計是什麼？

第四部 差一點就變得不幸了

前言

我要往哪裡去

歌德曾這麼說：「人生不求速度，只求方向。」

突然感到很好奇，我這麼努力是要往哪裡去呢？儘管想破頭，我還是不知道自己是要跑往何處，於是我停下來站在原地。這就是全部了。我的意思是說，我並不是因為有什麼特別的深意或對策，才會辭掉做得好好的工作。

等我回過神來，已經把辭呈遞出去了。雖然心裡想著「糟了」，但是男子漢的自尊心絕不允許把它當作沒發生過的事，更何況，老闆說他尊重我的選擇，不就表示他欣然接受我的辭呈了嗎？咦？不是這樣吧？我真的想要離職嗎？

其實我也有想過如果他挽留我的話，我就會假裝拗不過他而留下來，只是沒料到我竟然具有如此優秀的說服力。不然就是他早就等著我提離職了。啊，我怎麼會搞出這麼大條的事呢？這全都是因為歌德。

啊，好像不是
這條路耶……
既然覺得不是，
為什麼還要繼續行進？
不是應該先停下來嗎？

如果非得再找出一個理由的話，那就是新的一年要來臨了。當時的我再過兩個月就四十歲了，彷彿收到死期似的，內心感到忐忑不安。四十歲，我無法想像自己即將到達那個年紀。竟然已經四十歲了，時間是什麼時候流逝掉的？我還一事無成耶。

據說四十歲就不會因一般世事而感到迷惑，所以被稱為不惑之年，不知道到底是誰說出這種話的。你看看，看到了嗎？我現在非常迷惑啊！結果就在這如此迷惑的過程中，「咚」地一聲，丟出了珍藏在懷裡的辭呈，而且還是在老闆的桌上。四十歲的話，人生應該算是過一半了。雖然現在是所謂的百歲時代，但是考慮到我那卑陋的身軀，怎麼想都覺得我活不到一百歲，所以現在應該就是位於中間了吧。折返點！所以我才會這樣嗎？對於已經過去的日子和未來剩餘的日子，有著越來越多的想法。這樣子過活是正確的嗎？

如果正往錯誤的方向行進，似乎現在就必須要更正，只有這樣才能順利過完剩餘的一半路程。真誠地用宮書體[1]提問的時候到了。我能順利行進嗎？為了知道答案，我必須要暫時停下來站著。不，坦白說這只是個藉口，我更想要就這樣活著，然後做

---

1 韓文常用的手寫字體，其筆畫具有毛筆柔和、優雅、端莊的特性，因而成為韓文標準字體。近年韓國網路衍生出相關的流行語，若說「我是宮書體」，就表示「我是認真的、嚴肅的」之意。

點什麼。或者，就只是因為已經厭倦了而已。

努力吧！（是是，我一直都很努力啊。）

全力以赴吧！（已經盡全力了，還要再多嗎？）

忍耐吧！（我已經忍一輩子了啊。）

這些是生活中最常聽到的話。遵照指示過活，忍耐並全力以赴，認真努力地生活，將這些視為真理，沒有半點懷疑。這麼努力生活，為何有越來越不幸的感覺，難道真的只是心理作用嗎？

後悔自己只能這樣子過活的感覺湧上心頭。不，與其說是後悔，不如說是委屈。因為聽說再往上走十分鐘就能到達山頂，所以繼續忍耐並往上爬，但十分鐘過去了，還是沒有見到山頂。只要再一下就到了，從現在開始真的只要十分鐘。因為這句話而一再受騙上當，感覺像是爬了四十年的山。我覺得我快要發瘋了。

既然都已經到這裡了，可以再試著往上爬一點。如果繼續努力生活的話，可能會看到些什麼。但是我累了。體力和精神都見底了。唉呀，我再也走不下去了。是啊，四十歲正好是乖僻的年紀。我以這樣的理由下定了決心。從現在開始，我不要努力生活了！

我好像聽到四處傳來擔心的嘆息聲。是一種「那個人完蛋了」的心情吧？會有這種想法也不是沒有道理，因為我自己也擔心得要命。

在所有人都說要努力生活的世界裡，竟然說不要努力生活，我知道這句話很荒謬，更沒有想要侮辱努力生活的人。只是想給我自己一個機會罷了，一個活得不一樣的機會……這可以說是送給自己的四十歲紀念禮物吧？

坦白說，我也不知道這個選擇會帶來什麼結果。因為我也是第一次過「不努力的生活」。

因此，這是拿我的人生去做實驗。

這個實驗果真能成功嗎？

即使實驗失敗了，也是我的人生完蛋，各位讀者沒有什麼好擔心的。（笑）而且就算完蛋了，也沒有什麼太大的損失，大不了就是重新努力生活嘛。所以我希望能以舒適自在的心情享受這段徬徨，我果然還是想要以這樣的心情，開始這趟沒有答案的旅程。

我想要這樣活一次。不花費心思，順流而下。雖然不知道會漂流到哪裡，但是卻帶著享受的心，咚咚！

旅行開始了。

第一部

是為了這樣
才努力生活的嗎？

對現在的我們來說，比起努力，似乎更需要勇氣。

雖然衝動但是勇於挑戰的勇氣。

還有，懂得在適當時機放棄的勇氣。

當努力背叛我們的時候

在村上春樹的出道作品《聽風的歌》裡面，出現一個這樣的場景：在太平洋之中，有一個遇到船難的男人，正抓著救生圈四處漂流。這時候，遠處有一個同樣抓著救生圈的女人游了過來。他們肩並肩地漂浮在海上，一邊喝啤酒一邊東南西北地亂聊。他們聊了一整個晚上，聊完之後女人為了尋找可能位於某處的小島而游走了，男人則留在原地，繼續喝著啤酒。女人游了兩天兩夜之後，終於抵達位於某處的小島，而男人還待在原地，並且喝得醉醺醺的，然後被搜救隊救走了。

幾年之後，他們兩個偶然地在半山腰的一間小酒館裡相遇了。女人感到相當混亂，自己這麼認真地游，游到手都快斷了才得救，然而他什麼事都沒做，只是待在原地，竟然也得救了。女人坦承自己曾經邊游邊想著：「如果男人死掉就好了。」但是男人活下來了，跟努力游泳的她一樣……

很高興認識你。
我要試著往可能會有小島
的地方游去。你呢？
說不定根本就沒有小島。
我要留在這裡，一邊喝啤酒，
一邊等搜救直升機來。

當我二十幾歲看到這段文字的時候，我心想：「這在講什麼鬼話啊？」（儘管如此，我還是非常喜歡村上春樹的小說，但明明就不知道他在說什麼。）但是最近當我重新再看一遍的時候，卻有了不一樣的感覺。春樹，難道你想說的是這個嗎？

我們從小就接受這樣的思想教育。

「不可以不認真喔。」
「不努力就什麼也得不到。」
「不努力就獲得成功是很卑鄙的。」

我說的就是這種教育。我們將這些話當成信仰，並抱著它們一起生活。雖然這些話說得沒有錯，但是多活幾年就會明白，並不是一定要照這樣做。不，活久了就會更強烈地感覺到不需要這樣做，不是嗎？所以才會感到混亂。因為我們的價值觀被動搖了。

有人不用認真做，也沒特別做什麼努力，就能擁有一切（成功）。相反地，也有人比任何人都還努力生活，卻變得越來越貧困。有人經過幾百次的試鏡才出道當演員，也有人陪朋友去試鏡，毫不費力就出道了。

其實也不用舉這麼遠的例子。費盡心思去做的工作沒得到什麼特別的結果，隨便做做的工作卻反而得到好結果，不管是誰都曾有過一次這樣的經驗吧。

認真努力不一定能獲得回報。

不認真努力也未必得不到任何回報。

是啊。與我們所相信的事物不同，人生是如此地諷刺。

「所以，到底該怎麼辦才好？你是想告訴我們，不要做任何努力，生活隨隨便便地過就好了嗎？認真努力而獲得成功的人，你是想否定他們的成果嗎？你是想說土湯匙再怎麼努力也沒有用，趕緊重新投胎成為金湯匙嗎？到底是想說什麼啊？」

喔喔，我能理解你憤怒的心情。事實上我也很生氣。

會對這個故事感到憤怒不已的人，是因為對努力游泳的「女人」產生了移情作用，而且這樣的人在現實中有很高的機率是比任何人還努力的人，所以才會覺得這個故事令人不爽，因為不努力的人也一樣「得救」了。我很努力才得到救援，你不用努力卻也得到了？實在令人無法認同。但是，這並不是一個只會讓人生氣的故事。反過來，試著對「男人」產生移情作用吧。什麼事都不用做，只要靜靜地待著就能得救，多棒啊？

不認真努力也能得到很多東西的故事，相當不錯吧？

「那是他運氣好啊。搜救隊有可能不會來啊？」雖然一定會有人這樣說，但是這對女人來說也是一樣的。附近也可能沒有小島啊，女人的運氣也很好。

以結果來說，男人和女人的運氣都很好，但女人沒有察覺到這一點，因此感到很混亂。她認為自己的收穫是靠努力得來的，而男人的收穫是不正當的收穫，才會因此感到痛苦。

我們現在會感到痛苦是因為我們所信任的東西，也就是「努力」，常常背叛我們的緣故。我努力得要命卻只得到這種程度的東西，然而某人不努力也能獲得許多東西。明明以前就學過「不努力就得不到東西」，以及「只要努力，一切都能實現」，真是奇怪了，怎麼有種被騙的感覺？好像這輩子都活錯了。儘管如此，還是無法停止努力，如果不努力的話，就無法維持現在的水準。因為不知道怎麼活才是對的，所以很痛苦。

為什麼「努力」要背叛我們？那麼，現在該怎麼活下去才好？你問我，我也不知道答案。但是，我知道減輕痛苦的方法。雖然很憤怒，但還是必須要「承認」。如果能承認「有努力也不會成功的事，有與努力不相等的回報，也有大於努力的成果」，就能從痛苦之中稍微得到一點解脫。

我做了「這麼多」努力，就應該要得到「這麼多」回報，這種想法便是痛苦的開始。因為你得到的回報永遠不會等同努力的分量，會比努力還要少或還要多，說不定還會完全沒有回報。雖然很遺憾，但這是事實。

如果身邊有人得到比努力還多的成果，不要指責這個成果，而是要認同它。這是因為我也有可能會得到比努力還多的成果，也有可能不努力就發生好事。沒有必要因為嫉妒而感到痛苦。如果認同這種幸運，說不定就會有更多的幸運降臨。信不信由你。

由於努力總是這樣背叛我們，所以我們才會覺得越努力就越委屈，如同小說裡的女人一樣。春樹用奇怪的方式安慰了我們受委屈的心。

人生本來就不公平。一切靠努力就能成功是個謊言。

你明白了嗎？意思是說，這不是因為你的努力不夠而造成的。

雖然這裡沒有任何解答，但是已經足夠了，已經帶給我莫大的安慰了。正因如此，我才會沒辦法不喜歡春樹。

努力生活就輸了

「羨慕就輸了。」這句話曾流行一時。「羨慕」就像是自然而然嘆出「為什麼我沒有（為什麼我不行）？」的一口氣，當氣快嘆完的時候，我們就會感覺到一股奇妙的挫敗感。

「我無法擁有，所以我輸了。」

沒錯，羨慕就輸了。所以千萬不能羨慕，因為沒有其他感覺跟「輸了」一樣悲慘。不羨慕就不會有挫敗。

由此看來，韓國社會確實是競爭的社會，像這樣非要分出勝者和敗者，才能讓內心感到舒適自在的世界。活在這種世界之中，我們每次都被迫要輸。嗯？難道只有我輸了嗎？

我從來沒有贏過。每天都有一大堆「某人達成某事」的故事，身處於這樣的世界，我常常感覺到挫敗。從前就一直努力生活，現在也正在努力生活，可是生活不僅沒有絲毫起色，反而感覺變得更加貧困了。努力生活卻只有這種程度？好委屈啊。還不如不努力生活，才不會這麼委屈……感覺輸個不停。但是，我輸給誰了呢？某人對煩惱中的我說了這樣的話。

在這個冷漠無情的世界裡，
打起精神來！
努力生活就輸了！

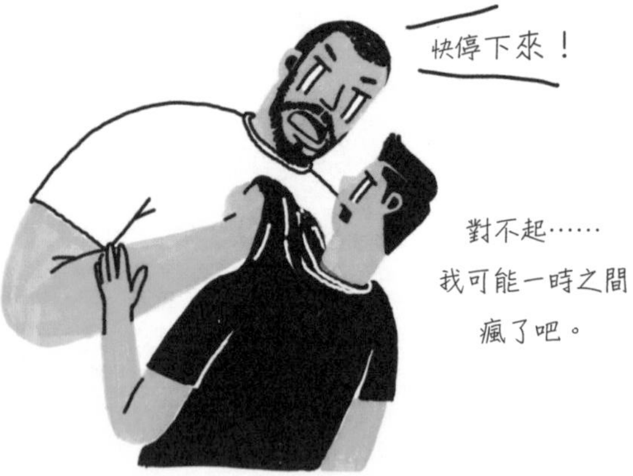

「算了吧，正因為這麼努力生活，才能達到這個生活水準啊。」

啊，如此懂得感恩的人，這句話說得對。像我這樣沒背景又沒能力的傢伙，能達到這個生活水準，說不定就是因為我很努力生活。這個生活水準啊，如果把人排成一列，再來看看我的所在位置，是排在中間的水準嗎？不是吧，應該沒有這麼高，但是也沒有被放在最底部。明明是應該感恩的事情，我的心卻不想再慷慨激昂地努力生活了。

因為努力生活，所以老是在計較成敗。

我作為插畫家已經六年了。雖然畫了六年的畫，但是並沒有聲名大噪。跟姓名不為人知、也沒有亮眼作品的無名演員差不多。

最令「無名人士」擔心的事情就是收入了。如同無名演員為了生計必須要開展副業一樣，我也把到公司上班作為副業。坦白說，雖然說是副業，從公司賺來的薪水，卻占了收入的絕大部分，而且我在以插畫家的身分開始賺錢之前，就已經在公司上班了，所以我應該是將偶爾畫畫當作副業的上班族，而不是插畫家。很顯然地，如果只做其中一個，不管是哪一個，生活都會變得很辛苦。

所以我努力上班，努力畫畫。當時是剛從長期的無業遊民跳脫出來的時期，因此光是能工作賺錢，就夠我感恩了。而且還不是一個工作，是可以同時做兩個工作。呀呼！好開心啊。就這樣努力了好幾年，我仍然身兼二職，並開始覺得厭倦了。

「為什麼我不能像其他人一樣只做一個工作來維持生計？」

首先是開始討厭畫畫的工作。畫畫對我來說，變成了賺不了什麼錢的工作。你不給錢，我就不畫，儘管偶爾有畫畫的案子進來，我也覺得很麻煩。公司的工作也是一樣。我覺得公司把我的時間搶走了，被搶走的時間跟薪水相比，薪水似乎不太足夠。真要追究的話，我會討厭畫畫全都是因為公司。咦？不是這樣的吧……

感覺好像哪裡錯了。初衷消失得無影無蹤，我成了一個滿腹牢騷的人。是身體累積太多「毒」了嗎？明明生活情況已經改善許多，我還是難以滿足。是啊，我正感覺到挫敗感。努力地跑卻還是得不到好成績，感覺自己是輸掉比賽的輸家，輸的感覺實在有夠糟。

我討厭輸的感覺，所以我決定要不努力生活。

我下定決心之後做的第一件事情就是從公司離職。雖然曾經想過是否真的非離職不可，但是不管怎麼說，會到公司上班都跟我的意志無關，那是因為要努力生活所驅使的。一大清早就起床，將身體彎曲並塞進客滿的地鐵車廂裡，搭乘一個多小時的車之後到達公司，光是這樣都讓我覺得這是很努力生活。所以我離職了。

並不是因為太討厭公司或太想畫畫才離職，更不是因為想要找回初衷。就只是想試著這樣生活一次看看，與成敗無關。難道是想暫時遠離壓在我身上的各種問題嗎？

最近總是睡到下午才起床，隨便弄個午餐來吃，整天無所事事。喝喝啤酒或讀讀書，偶爾將靈感寫下來。不知不覺就到了晚上，吃飽飯就準備睡覺。就這樣過著我自認遊手好閒但也還過得去的生活。

我的心情就好像過去我在不知不覺中參加了某一場「比賽」，但是現在棄賽了。因為沒有參加比賽，自然也就沒有所謂的勝利或失敗。但奇怪的是，我完全不知道這場比賽到底在比什麼。這場比賽的名稱是什麼呢？

「誰賺比較多錢」大賽？

「誰先買到自己的房子」大賽？

「誰先成功」大賽？

完全不知道。總之，我貌似竭盡了全力，想要在這場看不清全貌的比賽中獲得好成績。這棄賽真是棄得好啊。

現在的我沒有必要去取得成績了，因為如今我已是局外人了。雖然不知道有沒有人發覺，但是不會有人好奇我的成績單了，我再也不是他們的競爭對手了。嗯？這是好事吧？

不管好不好，世上有一個這樣子生活的人，不是也很不錯嗎？偶爾會有人擔心地說：「你再這樣下去一定會出大事。」這種時候我就笑笑地說：「船到橋頭自然直。」而且這是我的真心話。

船到橋頭自然直呀自然直。世事難料，順其自然吧。

原來脫掉世俗的衣服

是如此舒服啊！

雖然有一點冷……

我的熱情正在為了誰而燃燒

韓國社會真的很喜歡充滿熱情的人。因為喜歡這個名為熱情的東西，光是聽到名字就讓人感覺心裡熱呼呼的。

沒有人會討厭熱愛某物且認真努力的人。如果我是老闆，要選的話，我也想選有熱情的人。但現今的現實是，熱情從「有的話很好」變成「應當要有」，讓人覺得有點不自在。所有人都異口同聲地說，說必須具有熱情，說沒有一件事情是可以不靠熱情來達成。到處都充滿跟熱情有關的名言和書籍，以及許多使熱情死而復生的演講。

公司內又是怎麼樣呢？公司希望員工具有愛公司的心，並且能投入熱情到工作上。公司會告訴你，我們公司不需要沒有熱情的人。因為公司不要為錢工作的人，公司想要具有熱情並且可以一起成長的人。所以，我們今天也必須要「證明」我們的熱情。用加班來證明。準時下班就是沒有熱情。但是，為什麼公司成長了，我的薪水卻沒有成長呢？哪有這種雙棍冰棒呀！不是說好要一起成長的嗎？

這世界正在強求熱情的感覺無法消除，人們沒看到熱情，就認為你不忠誠。由於這世界已經變成視熱情為理所當然的世界，如果你不具有熱情，就會對你很不利，你也會很不安。因此，就算是憑空捏造出來的，也要擁有熱情。這就是許多「培養熱情的妙方」會受到矚目的原因。

「我對工作沒有熱情，所以很擔心。」

網路上可以看到不少這樣的煩惱，我覺得這種煩惱有點奇怪。該怎麼說才好呢，這就跟你面前坐了一個你不喜歡的人，但是你卻問「為什麼我不喜歡這個人呢？」的情況有點類似吧？如果你再怎麼努力，就是沒辦法對某個工作產生熱情，那就是你不喜歡這個工作。愛是熱情的基礎，做討厭的工作，當然會沒有熱情。雖然透過「培養熱情的妙方」，可以一下子產生出熱情，但是藥效卻無法維持很久。而且這種憑空捏造出來的熱情，通常都只對別人有好處。

熱情是自行產生的，絕對沒有辦法憑空捏造出來。熱情就是愛。熱情是從對這個工作的愛裡面萌生出來的。當然，如果努力地嘗試去愛，也有可能會產生愛意，但是我不建議你這麼做。

我認為沒有熱情也是件不錯的事。

即使沒有熱情也可以把工作做好。

雖然有人是因為喜歡而工作，但是大部分的人都是為了賺錢而工作，以勞動為代價來收受錢財。我認為這樣還要求必須具備熱情就有點太過分了。硬要創造出沒有的熱情，根本就是壓力。沒有就沒有，只要按照原本的方式工作就行了。熱情總有一天會自己冒出來，可能是對現在正在做的工作，也可能是其他工作。當那樣的工作出現時，再灌注熱情即可。

如果找到產生熱情的工作，又會衍生出另一個問題。

「雖然這裡給的錢不多，但是會給你機會，讓你帶著熱情工作。不管怎麼說，在這裡，經驗就是資產。你不能接受？看來你是缺乏熱情啊。」

這是「熱情Pay」啊，不打算給錢，或者想以未達最低工資的錢來任意使喚人。雖然看

立刻把那個東西放下！
你的熱情！
魄力
YMPD

起來像是差點被騙的故事，但是充滿熱情的人常常會被這種話給騙了。因為愛情是盲目的，愛比較多的那一方往往會輸，這就是愛情的公式。

這個世界強迫我們要具有熱情，又將熱情視為弱點而抓住，並加以利用與壓榨。因此，隨便顯露出熱情是很危險的。如果身處這種世界，說不定沒有熱情還比較好呢。

儘管如此，熱情還是很好的東西，如果它只為自己所用的話。如果我正在對某件事灌注熱情，必須好好想清楚這份熱情是為了我自己，還是為了別人。我所知道的熱情，並不是常常出現的東西，也不是能維持很久的東西。正因如此，儘管可以隨便榨取出熱情，但也不能隨地亂倒。

熱情也會磨損。如果隨便亂用，等到真正要用的時候，反而會沒得用。真正要灌注熱情的工作總有一天會出現，為了那個時候，必須要珍惜熱情。所以說，不要為了具有熱情而費盡心機。

還有，我希望我的熱情可以讓我自己看著辦。千萬不要強求，也不要被搶走。拜託！

人生使用手冊

永無止境般的，到達某個年齡而「必須」具備的東西竟然有這麼多。在韓國社會裡，存在著一本「人生使用手冊」，當你到達「某個年紀」時，生活就必須具備「某個程度」。雖然實際上並沒有人見過這本手冊，但是大家都知道，而且還為了讓生活與它相符而努力。因為如果不照這樣生活，會感到很不安，彷彿只有我自己落後似的。

小時候，手冊的壓迫性並不大。由於還處於前途不可限量的時期，未來還很值得期待，因此呈現出即使現在無法具備太多東西也沒關係的氛圍。但是當年齡增長到某種程度之後，世界的眼神就變得冷酷無情了，大家會開始以「活到這把年紀了，你都做了些什麼呀？」的方式看你。是啊，我做了什麼呢？

沒有完成使用手冊上任何一個項目的我，很顯然是馬齒徒增。未來隨著年齡增長，應該具備的東西也會變得更多，等我到了五十歲、六十歲，又會有多少不符合年齡的事情呢？

雖然我活到這個歲數既沒有結婚、又住著租來的房子、而且也沒有車，我卻不會感到不

什麼？你還沒結婚呀？
我們這個年紀的人，早就已經結婚，
而且應該要有小孩了。
你還在租房子啊？我們這個年紀的人，
應該要買一間這種坪數的公寓房才對。
房價上漲的話，一夜之間就能還清貸款了。
你也沒有車子？
我們這個年紀的人，開小型車稍微有點……
應該要有這種等級的車吧。
你還離職了啊？講得好聽點是自由工作者，
其實就是無業遊民。去上班吧。我們這個年紀的人，
年薪應該要有這種程度才行啊。
你也沒有保險啊？我們這個年紀的人，
至少也要保個實支實付的醫療險……
哪裡可以拿到
這樣的人生使用手冊呢？
只要申請就能拿到嗎？

自在或悲慘。問題是別人會這樣看我。我真的覺得沒關係，但是因為別人把我看得很可憐、覺得我不像話，所以我也漸漸覺得自己有點悲慘。不，是真的很悲慘。原本並不覺得悲慘，經別人這麼一說，就覺得好像真的是這樣。這明明就是我的人生、我的心情，為什麼要因為別人的評論而一下變得不錯、一下變得不幸呢？真是莫名其妙。

「你到底為什麼不結婚呢？」

這是很久之前的事了。某人非常理直氣壯且無禮地詢問我這個單身主義的人。他說結婚是很理所當然的事情，問我為什麼不結婚，說他實在是無法理解，我什麼話也回答不出來。不，是不想回答。雖然他沒有任何惡意，單純只是因為好奇才問的，但是對我來說卻感覺到暴力，以多數人篤信為正確的價值觀，對於不遵從的人所施行的暴力。為什麼不遵從？你說說看啊。

說明一直都是我分內的工作。他們都沒有必要做說明，因為他們提出了理所當然的疑問，他們只要求我提供具有說服力的回答，彷彿他們是聽了之後要決定是否允許的人。但是我很好奇，他們之中有多少人認真地想過「必須結婚的理由」？

「因為愛。」

「因為想在一起。」

「因為是人的本分。」

「結婚生子，本來就是天經地義的事。」

在我看來，他們的理由也不怎麼有說服力。為什麼會認為結婚是天經地義的事呢？結婚是因為需要而產生的。我因為不需要所以不結婚，為什麼要叫我提出合理的理由呢？就好像有人因為不需要所以不買某樣東西，你卻問他為什麼不需要。真的很奇怪。因為父母、家人、親戚、朋友、前輩、公司同事全部都在問，讓我覺得很煩，曾經考慮是否就結一結算了。雖說結婚是個選項，卻令人不禁想問，它真的是個選項嗎？

雖然我有我不結婚的理由，但是這不是必須向大家說明並獲得許可的事情吧？我又沒有義務要說服他們。我不認為結婚不好，也不認為它應該要被消除，我只是不想結婚而已，但這世界似乎對此感到很不滿意。像我這樣不按照別人的生活方式過活，在各方面都活得相當疲累。啊，難道大家都是因為太疲累，才乾脆迎合別人來過生活的嗎？

這段期間，我對於別人指示的事情抱著很大的懷疑和反抗，即便如此，我並未從中獲得完全的自由。我總是在意他人的眼光，費盡心思地過著他們眼中的好生活，雖然我沒有做得很好。事實上，我想要按照「人生使用手冊」來生活，但是這並不是件容易的事。

我真正應該對這個年齡感到羞愧的事情，不是我沒有擁有符合這個年齡的事物，而是活至今天，我沒有專屬於自己的價值跟方向。

我渴望及追尋的東西，全部都是別人的指示。這些是為了讓別人看起來很好的東西。這令我感到羞愧。

我是努力追趕了，卻完全追不上並且撲倒在地的人。既然撲倒在地，就順便喘口氣，趁機尋找專屬於我的路，這樣不是很好嗎？從現在開始就是My way。

話說回來，以後大概也不會做出什麼符合年齡的事情吧。

我們的願望是變成有錢人

「祝您成為有錢人。」

雖然這句話現在常被用來當成祝福的話，但是韓國人原本並不愛用這種問候語。在那個廣告出現之前。

大約在二〇〇〇年年初的時候，有一家信用卡公司的廣告，裡面出現一位有名的女演員，大喊：「祝大家成為有錢人。」這支廣告紅極一時，當時還是大學生的我也對它印象相當深刻。

「祝您成為有錢人」頓時成了全民的流行語，每個人向別人打招呼時都說：「祝您成為有錢人。」彷彿這樣說馬上就會美夢成真似的，後來又出現了「祝您賺大錢」或「恭喜發財」之類的話。

在這個廣告出現之前，「有錢人」是很不切實際的詞。有錢人被認為是與生俱來的，或是發生在少數幾個白手起家的人身上的事情，跟一般小老百姓毫無關係。

雖然確實會有想要生活得美滿的欲望，但是美滿的標準也會根據各自的價值觀而有所不同，生活美滿並不表示一定要成為有錢人，至少在這個廣告出現之前是這樣。但是這個廣告乾淨俐落地整理好人們本來多元且模糊的目標，向韓國民眾提出唯一的目標——有錢人。廣告叫大家成為有錢人，韓國民眾因為這個單純且明確的目標而狂熱。

一九九七年發生亞洲金融風暴之後，韓國經濟陷入混亂。那個時期有許多公司倒閉，有很多人失業，還有不少人自殺。幸好我家沒有受到太大衝擊，我家在亞洲金融風暴之前就很窮困了，所以就算因為亞洲金融風暴而變得更難以生存，也不是那麼明顯。這算是好事嗎？總之就是這樣。

亞洲金融風暴以後，韓國人比任何時候都還要深刻地體會到錢的重要性。若一味地相信並把靈魂交給國家和公司，總有一天會出大事，這樣的危機意識蔓延開來，韓國民眾變得徬徨不安。這時，恰巧出現「成為有錢人」的目標，看起來這似乎是唯一可以解決所有問題的道路。有錢人再也不是與我無關的故事了，它是我的目標，也是我們大家的目標。

從此以後，韓國吹起了一股「成為有錢人」的熱潮。「我就這樣成為有錢人」的奮鬥故事和書籍如雨後春筍般出現，實際成為有錢人的人，便受到很多人的羨慕和尊敬。然後有錢人開始把比自己窮的人當成下人，「我比你們這些傢伙高尚」，一個物質萬能主義的社會。我們就這樣來到了現在。

我也想成為有錢人。雖然表面上故作清高地說：「我不奢望變成大富翁，只要能賺到不愁吃穿的錢就好了。」但這句話終究還是含有想要成為有錢人的意思。跟表面說的不一樣，內心還是很渴望成為有錢人。

可以的話，我希望可以擁有比必需還多的錢，怎麼花都花不完的錢。然而我卻無法變成有錢人。不僅是我，那些互相加油打氣，說著「祝您成為有錢人」的韓國民眾，大部分都無法成為有錢人。無法實現目標的我們，大部分都會莫名地感覺到挫敗和羞愧。

一開始我認為「祝您成為有錢人」是一句祝福語。因為沒有人會討厭錢，而且賺很多錢、成為有錢人是祝人順利成功的話，又不是詛咒人的話。但是如果從另一個角度來思考的話，「祝您成為有錢人」聽起來又很像在強迫人。「一定要成為有錢人。如果沒成為有錢人，就會變得很淒慘。有錢人是最好的，其他事情都沒有什麼價值。」

我跟很久沒見面的熟人說我最近在寫作，馬上就得到這樣的回應。

「做這個能變成有錢人嗎？」

雖然這句話沒別的意思，但是我聽起來是這樣：「這樣能賺到多少錢？如果賺不了什麼錢，幹麼還要做？這種工作一點意義都沒有。」

「哎呀，這賺不了什麼大錢啦。話說回來，您最近過得好嗎？」

我閃爍其詞地帶過，內心卻也不免感到苦澀。但是也沒辦法責罵他，因為我心裡想的跟他想的也沒什麼太大的差異。我們都是生活在金錢至上、物質萬能主義的時代之中。

一般來說，錢應該是一種手段，不應該成為目標，但是我們長久以來都把錢當成目標來生活。說來慚愧，我也是其中之一。一直以來我都想要賺大錢，卻把「想要怎麼生活」、「想要做怎樣的工作」等最重要的問題拋諸腦後，沿著可以賺大錢的道路過生活。相信只要先賺到很多錢，剩下的問題自然就能迎刃而解。

「哪有什麼錢辦不到的事情啊？」

「只要有錢，想做什麼都可以……」

哎呀～
要是成了有錢人該
怎麼辦啊？
不是當不了
是不想嘛

就是這種心情。怎樣都好，如果幸運的話，便能以這種心情賺到很多錢，進而成為有錢人，但事實卻不從人願。雖然我總是追著錢跑，可是錢卻不曾朝我而來。事到如今才肯承認，我賺錢的能力似乎有點差。啊，我現在要怎麼過活呢？如果只想著「如何成為有錢人」，我覺得會錯失人生在世真正重要的東西。

因此我決定要放棄成為有錢人。到目前為止我已經竭盡所能了，不管怎麼做也沒有成為有錢人的希望。我就到此為止了。別理我，你們先走吧。

從現在開始，不是無法成為有錢人，是不想成為有錢人。

我還是跟以前以樣喜歡錢、需要錢，但是我不以錢為目標來生活。如果錢不是目標的話，現在應該要怎麼生活呢？應該要做怎樣的工作呢？如果要尋找這麼多問題的答案，似乎會花很多時間呢。

有些東西只有在放棄後才能看見。但是為什麼放棄之後，心裡會覺得有所遺憾呢？好像稍微再努力一點就可以成功的樣子……乾脆還是去當有錢人吧？不。現在不要了。我說我不要。我是說真的！

路不只有一條

我得了不治之症。是一種在準備美術大學入學考試的考生之間流行的病，這種病的名字就叫做「弘大[2]病」。在我準備入學考試的時候，補習班流傳著一個傳說，有一位得了這種病的考生，足足應考了七次。

雖然不知道是真是假，但是弘大病就是這麼可怕的病。即使考上其他大學，如果不是弘大，就沒有任何意義了，因此選擇重考，落榜了就再次挑戰，就這樣考了七次，等於足足過了七年的考生生活，真是恐怖的不治之症。弘大算什麼東西。但是我也得了這個可怕的病。登愣。

高三考入學考試的時候，我也嘗試要考上弘大，但是落榜了。雖然考上了其他大學，但是我當然不去。我認為如果要提升大學的等級，值得投資一年的時間。於是我決定重考，再次挑戰弘大。結果又再次落榜。

怎麼會這樣，可惜了我那一年的時間。但是我認為如果在這裡放棄的話，就什麼也做不成了。因為我學過不要放棄、要挑戰到最後，只要努力，沒有做不成的事，一定是我不夠努力。只要一次，再挑戰一次吧。就當是心疼已經投資的那一年，說什麼也不能放棄。於是我成了第三次應考的重考生。啊，我應該就此打住才對。

竟然已經是第三次應考了！這次一定要考上。比任何人還努力，比任何人還渴望，我每天都祈禱能考上弘大。但是，我的天呀，又落榜了。第三次落榜。公布榜單的那天晚上，我站在銅雀大橋上，向下俯視著冰冷的江水。我覺得我的人生完蛋了，打算在這座橋上結束我的生命。

都挑戰了三次，竟然還是落榜。會是什麼原因呢？比我還不會畫畫的人都考上了，為什麼我卻落榜了呢？是因為太緊張了嗎？只要進到弘大考場，就沒有一次能正常發揮應有的實力。不，幾乎是搞砸後離場的。啊，有人說在實戰中表現出色也是一種實力。不管是什麼原因，我落榜就表示我實力不足，努力不足。不需要辯解，我就是個魯蛇。

我還有什麼臉面對爸媽？就這樣死掉才是最乾脆的選擇。是呀，去死吧！但是我因為害怕而無法往下跳。看到連死都沒有勇氣的卑怯的自己，感覺更加悲慘了。我邊哭邊走過大

2 弘益大學的簡稱，位於首爾的一所綜合型大學，以美術、設計等藝術領域科系最為著名。

橋，冬天的風有夠寒冷。看來是到此為止了。

逼不得已只好到其他大學就讀。上課上了兩三個月，卻完全無法適應。

「考了三次只為了來這裡嗎？打從一開始我的位子就是在這裡啊。搞不清楚自己什麼處境就撲了過去，還真是好樣的。」

因為這個折磨著我的聲音，讓我什麼事也做不了。難道就要這樣以魯蛇的身分活下去嗎？這一輩子都必須抱著挫敗感而活嗎？突然間產生一股傲氣，我一定要去弘大。是的，這個病是不治之症。

或許當時就應該停止的。

我瞞著爸媽辦理退學，謊稱去學校上課，重新開始準備入學考。第四次應考，再也沒有其他退路了。對我來說，考上弘大是我唯一的希望，沒有別條路。

啊，那個得了弘大病並且應考七次的考生，原來不是騙人的啊。原來會變成那種考生的人，就是像我這樣的人啊。雖然我曾想過：「僅僅為了一間大學的招牌，是否值得花費七年的時間呢？」但是我當時卻認為可以這麼做。分明是被鬼遮眼了。

時光流逝，冬天又再次到來了，弘大入學考結束了。然後，這一年，在我挑戰第四次之後，我考上弘大了。

如果把這個故事當成永不放棄、持續挑戰就能實現夢想的成功故事，那你就誤讀好一陣子了。這個故事是要告訴你，錯誤的目標、相信道路只有一條，這有多麼令人疲憊。

我以前這麼渴望弘大的原因，是因為我相信它能改變我的命運。大人們說過，只要進了好大學，人生就會走向成功。而且，大家都異口同聲地說，弘大是美術大學中最好的學校。我也聽說過很多傳聞，只要是弘大畢業的，大企業都會爭先恐後聘請你。就是那裡，只要進去那裡，我這窩囊的人生也能改頭換面。任何人都不能無視我。以我目前的狀況來看，那裡是我唯一的希望。不久之後，我便知道這個想法有多麼愚蠢、多麼天真。

雖然歷盡艱辛考進弘大，但我的人生並未因此而改變。校園中的浪漫或學習的熱情全都是狗屁，只有為了賺取學費的勞動而已。大企業爭相徵才的傳聞，如同字面上的意思，就只是個傳聞。每個人都忙著尋找各自的出路。然後，我迷路了。

我透過新聞得知一名公務員考生考了四年都落榜，因此選擇自殺的事件。這名青年在和媽媽一起返鄉的途中，於高速公路休息站的廁所裡上吊自殺了。

他該有多麼痛苦啊？又該有多麼歉疚啊？令人惋惜的不僅是現實中有許多年輕人埋首於公務員考試，因考試失敗而放棄生命的情況更是令人惋惜。

或許你很難理解，有必要只因為一個公務員考試就放棄生命嗎？公務員是一生中最了不起的工作嗎，值得賠上性命嗎？然而，人一旦開始對某件事執著，就看不到、也聽不到其他東西了。我不是也曾尋死過嗎？

如果能稍微抬起頭看看周圍，就會發現有其他路，但是當時卻沒能看到。只有一條，當你相信這條路是唯一的路時，悲劇就開始了。路絕對不會只有一條。還有，雖然認為這條路就是全部，但往往在實際試走之後，才會發現這不是自己想要的路。

我很討厭「絕對不要放棄」這句話。我認為除了生命之外，其他全都放棄也沒關係。但是我並不是要你輕易放棄。如果有想要實現的目標，就必須要努力，竭盡全力做到最好。如果挑戰兩三次之後還是不行的話，果斷地放棄才是正確的。像我這樣死纏爛打四年或更久，這就是執迷不悟。沒有比「絕對不要放棄」還殘酷的話了。因為絕對無法放棄這個目標，所以就結束自己的生命，哪有上演這種悲劇的道理？

世界上有很多條路。
執著於某一條路，就如同放棄其餘的路。

既然有很多東西都已經放棄了，就沒有理由不能放棄這個。如果實在太痛苦，就放棄吧。放棄也沒關係，因為路絕對不會只有一條。

在適當時機放棄的勇氣

我曾經有過熱衷於股票投資的時期。是的，做著一攫千金的夢。靠股票發財，並停下所有正在做的工作，我做著這樣的美夢。一開始靠股票賺了一點錢，立刻就充滿期待，把辛苦存下來的錢全數投入股票裡。你問我結果怎麼樣了？如果我股票投資成功的話，怎麼可能一直畫圖畫到現在呢？（笑）結果繳了昂貴的學費之後，我才恢復神智，現在已經金盆洗手，徹底遠離股票了。啊，好不容易忘記了，突然又悲傷了起來。總之就是這樣。

投資股票最重要的技巧之一就是「停損出售」。所謂的停損出售就是當股價下跌到出現損失時，為了避免有更大的損失，承認失敗並賣掉手上持有的股票。

如果股價下跌至比我的買價還低，而且預期它之後會持續下跌，那麼，為了減少損失而賣掉它是很理所當然的事情。但是，做不到這個理所當然的事，然後賠掉更多錢的案例更是屢見不鮮。即使眼前的股價持續下跌，大部分的人還是捨不得賣，因而繼續「加碼攤平」或「死撐」。認為股價就是不斷地起起伏伏，總有一天會再次上漲，但是這個戰略大多都會失敗。一般人都是等到失去全部之後，才會後悔當初至少保住一半也好。而我，也包含在那些一般人裡面，真悲傷。人們無法只聽一句話就輕易做到停損的理由只有一個。

「想想目前為止投資了多少東西，即使覺得可惜也不能放棄。」

老是想著本錢而無法放棄的心態，正是所謂的「協和謬誤（Concorde Fallacy）」。一九七六年正式服役的協和式客機是由英法合資打造，全世界第一架超音速客機。這架客機投注鉅額打造，打從一開始就著眼於展現兩國政府的技術能力，因此毫無經濟效益可言，不僅可載乘客數少、搭乘費用高昂、燃油經濟性差，甚至故障頻傳。雖然協和式客機被稱為最爛的客機，並收到應該要停止生產的評價，但是英國和法國打死都無法放棄它。礙於自尊心而不願承認失敗，而且也捨不得目前為止投入的錢，所以沒有辦法放棄。結果發生乘客及機組人員全部死亡的事故，才在輿論的推波助瀾之下，促使協和式客機於二〇〇三年提早退役。

雖然以前學過放棄是卑賤的失敗，但這並不是事實。為了過上明智的生活，必須要有放棄的技能。像「忍耐」或「努力」之類的技能，我們已經熟到不能再熟了，但是卻沒有學到放棄這個技能。不，反而還學到了不可以放棄，結果因為無法放棄而失去更多東西。

來，各位，你們可以做到的！

現在開始提起勇氣放棄！

明白了嗎？

入學考試接二連三地失敗，我還是持續挑戰，這不就類似不放棄的「不屈意志」嗎？我陷進了協和謬誤之中。抱持著我投資了多少時間的心態，不僅捨不得，而且也無法承認失敗，所以挑戰再挑戰。因為還在挑戰的期間就不算失敗，我就這樣推延著失敗。幸好考到第四次就考上了，如果那時候又落榜了，我一定會重新準備入學考試。雖然總是想著這次是最後一次了，但落榜之後又因為想到本錢，所以無法果斷地放棄，也無法承認失敗。

明智的放棄需要勇氣。

承認失敗的勇氣，即使努力和時間結不出任何果實，也要懂得果斷放棄的勇氣。即使失敗，也能重新挑戰新事物的勇氣。明智的放棄不等於堅持到底卻不得不死心，或因為辛苦就放棄的薄弱意志。明智的放棄是儘管還可以繼續走下去，卻在適當的時機鼓起勇氣停止。為什麼？因為這麼做才有好處。人生也需要停損。

如果錯過時機，就會從小損失轉變成重大損失。一個勁兒地死撐和努力並非本事。對於現在的我們來說，比起努力，似乎更需要勇氣，雖然衝動但是勇於挑戰的勇氣，還有，懂得在適當時機放棄的勇氣。

努力的時代已經過去了

努力也不會成功的時代已經到來。不能只是努力，必須要「努～力」才行。但是努～力了之後變成要努～～力，然而世界並未因此有什麼不同。在所有人都很努力的世界裡，努力並不怎麼顯眼。由於大家都很努力，因此只好提高標準，結果卻變得更累。如同在跑步機上跑步的心情，無論怎麼跑都還是在原地。

不管我再怎麼努力，總是會有比我更努力的人，在那之上又總會有原本就「出類拔群的人」。以前，「出類拔群的人」被解釋為擁有無法藉由努力取得的優秀才能的人，不過最近的解釋稍微有點不一樣了，指的是出生於富貴人家的子弟，正是那些「金湯匙」。

跟金湯匙競爭，這件事本身並不成立。因為起跑線本來就不一樣，竟然要我跟一開始就已經站在前面那麼遠的人競爭？「土湯匙」們生活在努力也得不到回報的世界，「湯匙階級論」正是他們的悲嘆。

雖然湯匙階級論是最近才出現的詞，但是這種不平等的事情卻不是最近才有，這種事情在十年前、二十年前、三十年前就一直存在了。大家都心知肚明，只是沒有說出口罷了。因為大家都知道，將這件事說出口的瞬間，就會讓自己崩潰。這難道是不願向命運低頭之人的感人意志嗎？

只要認真努力就會有所不同的希望，
單憑這個信念而支撐至今的歲月啊。
努力是宗教。

努力是值得感謝的事情，也確實有其效果。靠努力戰勝先天環境的人，他們的神話至今仍是屢見不鮮。看到這些藉由努力而成功的人，於是心想：「是啊，不是我的環境不好，一定是我不夠努力。」而把所有不足都歸咎到自己身上的善良人們，他們就是「土湯匙」。但是，我從現在起再也不這麼做了，責怪自己已經令人厭倦。我生氣了，還要更努～力？我會這副模樣是因為我不努力嗎？這是侮辱。金湯匙是因為努力才成為金湯匙的嗎？

看似在努力這個口號之下順利運轉好長一段時間的社會，開始變得扭曲了。希望消失了，甚至出現湯匙階級論這個詞來傾吐鬱悶，原因就是貧富差距越來越嚴重，也佐證了這是

努力了這麼久，
長大之後到底要做什麼？

個努力也行不通的社會。

現在這個世界，單憑一句「要努力喔」也無法使人移動，然而我們的前輩卻只會叫我們再更努力，因此讓人感到很鬱悶。「努力」一詞也產生了諷刺的意味，諷刺老一輩的人只會一味地叫人努力。

世界已經改變了，老一輩看不懂世界是如何運轉的，於是只能給予自己從過去學來的教誨，或許是因為他們也沒有適當的對策。我果然也是如此，明明感覺到努力也行不通，卻因為沒有努力之外能做的事，所以無法停止努力。因為我除了一直以來的生活方式，對其他東西一無所知，因此能給後輩的建議就很顯而易見了。啊，原來老一輩的人就是這樣誕生的呀。

或許這聽起來有點激進，但名為努力的意識形態已經失敗了，而且我們還沒準備好下一步。現在該怎麼活下去呢？我們真的能給子女、後輩某句叮嚀的話嗎？最近的年輕人肯定對「要努力喔」這句囑咐完全沒有共鳴，因為連我自己都沒有深切的感觸。

出生在不幸時代的人們

最近日本將年輕人稱為「達觀世代」。達觀是「覺悟、得道」，如同字面上的意思，就是沒有夢想或欲望，對現實感到滿足，生活過得跟得道之人一樣，因此有了這樣的稱呼。雖然和韓國「N拋世代」的概念類似，但是達觀世代是更進一步地表示他們根本沒有欲望，所以並不是不幸。啊，他們果真是活著的佛陀嗎？

沒有夢想，也沒有野心。

不會為了未來而犧牲現在。（沒有結婚生子的想法。）

減少欲望，對消費不感興趣。

安貧樂道。

從長期經濟不景氣所體會到的無力感，以及努力也不會變好的現實。

看著難以實現夢想的世界，長大成人的他們就不再做夢了。因為沒有希望，所以也無須努力。怨天尤人並不能改變什麼，反而只會變得更痛苦，明白這個道理的他們便發明了滿足於自身現況的方法。雖然也有正面看待達觀世代的眼光，但是似乎有更多不友善的眼光。

「最近的年輕人都太軟弱了。」

「年輕人就應該要有夢想才對呀。真替國家的未來感到擔憂。」

「如果不消費，經濟就好不起來啊！」

這種論調的責備蜂擁而至。從上一世代的視角來看也許是這樣，在他們看來，現在的年輕人似乎太容易放棄了，因此產生了惋惜之心。但是他們的年代跟現在完全不一樣，而且達觀世代不代表年輕世代就是軟弱的。

日本和韓國的年輕人會「得道」並且「放棄」，是因為社會體系沒有辦法正常運作的緣故。若將這種現象看作是年輕人的不努力或意志問題，便是很不負責任且過於簡單的解釋。

這並不是說社會必須對每個人的人生負責。而是說，如果這個世界可以做夢，只要努力就能實現夢想、只要努力工作就可以擁有自己的房子來組織家庭，還會有人不做夢並且放棄未來嗎？因為努力行不通，才會造成今天這種局面。將他們的夢想搶走並迫使他們放棄的是這個世界。

達觀世代並不是依照自己的選擇而走上得道之路，是因為能選的路只有這條，這種處境簡直就是「出乎意料地一無所有」。

過著毫無希望的生活是怎樣的心情？如果沒有希望，也許會選擇死亡，但是他們卻選擇活下去。難道不是因為他們雖然嘴上說沒有欲望，但是內心深處卻希望可以活著嗎？

他們並不是放棄人生。
而是儘管如此也想要把人生過完罷了。

在這個做夢沒有意義、努力也沒有報酬的黑暗現實中，還是有努力實現夢想的帥氣的人，他們值得受人鼓掌。能被鼓掌是很好，不過問題是會冒出這種話：「你看，還是有實現夢想的人呀。不要只會責怪世界，再多努力一點，努~力！」

如果硬要這樣講，那我也無話可說了，根本就無法溝通。啊，感覺好像自然而然就得道了。雖然現在本來就沒有要努力使上一世代滿意，但是也不想做出更強烈的努力。

如果上一世代、韓國社會繼續將錯誤轉嫁到個人身上，而不改正錯誤的部分，韓國的年輕人也只能走上得道這一條路了。雖然產生達觀世代的現實令人感到遺憾，但是我不認為他們是負面的，也不認為是正面的。他們是這個難以生活的時代所產生的必然現象，不該是被評斷為好或壞的對象。所以，不要輕易地想要同情或訓誡他們。

有生活在幸運時代的世代，相反地，也會有出生在現在這種不幸時代的世代。他們處於必須活下去的艱苦時代中，正在用自己的方式竭盡全力地活下去。所以我認為他們是存有希望的。雖然世界把他們的希望奪走了，但是他們自己在生活中尋找幸福，因此適合他們的希望就在那裡。儘管表面看起來會令人感到不像話，但其實他們正在和被賦予的生活進行激烈的鬥爭。「得道」或「放棄」是他們在面對世界時，參雜著自嘲的悲嘆。因為他們在嘲笑自己，所以上一世代不可以跟著一起嘲笑。

現在外面正遭受狂風暴雨肆虐，即使風雨交加，要跑步的人還是會去跑。但是就到此為止了。如果暴風雨停止，就可以讓更多的人去跑。所以，不要斥責個人並逼迫他們到暴風雨中奔跑，應該先創造一個風雨平靜下來、適合跑步的世界，不是嗎？

並不是有希望就會幸福，
是因為幸福而產生希望。

青春的發燒反應

青春。

如果在字典裡查閱青春這個詞，會查到它是指人生的年輕時期，大約為十五歲到二十歲之間。近來由於平均壽命增加，好像通融到三十歲為止都還算是青春，但是如果四十歲還要說是青春的話，就有點說不過去了。哎呀，這麼說來，我已經不青春了。我的青春結束了。

雖然因為青春結束了而感到可惜，另一方面又覺得很高興。因為我曾得了很嚴重的青春發燒反應。那是所有事情看起來都還混沌不清、黯淡無光的時期，當時我被夾在想做的事情跟現實的難題之間，因此感到徬徨失措，既不知道方法，也沒有勇氣，感覺只是被生活拖著走。雖然很認真地思索過了，卻還是常常惱火。因為無法如願以償，所以病得越來越嚴重。那是身體總是熱得發燙、無法順利呼吸的時期。現在不像那時候那麼滾燙了，已經退燒了。

幸好已經退燒了，但是那個時期的煩惱和不安還在。前途始終混沌不清，現實的難題也不曾消失過，我仍舊沒有答案，也沒有勇氣。即使年齡增長了，依然是被生活拖著走。

我以為年齡增長之後煩惱就會變少，眼前的事物也會變得比較明朗，但你卻說你跟我現在一樣？站在青春正中心的人，如果讀到這段文字，說不定會感到很絕望。對不起，我也快要瘋了。

這是幾年前我還在公司上班時發生的故事。當時的我正在煩惱要不要離職，於是在理想和現實之間進行衡量，苦思了好幾天，終於下定決定再忍耐及認真工作三年。這三年期間認真存錢，然後離職吧，到時候再當自由工作者也不遲。我規畫好三年的儲蓄計畫，認為這是為了安定的未來所做的明智選擇。

結果一個星期後，公司沒了。老闆召集全體員工，宣布說公司必須收了。他說因為最近銷售量減少，產業前景也不好，以及其他各種因素，因此決定關門停業。啊，我之前煩惱的那些東西到底算什麼？還有我的明智選擇跟三年儲蓄計畫又算什麼？

當時我感受到的事實是，人生不僅不會如我所願，而是無論我想得再多、做出什麼選擇，都會出現讓該選擇變成毫無意義的瞬間。就好比我努力地往同一個方向游去，卻因為大浪襲來，被帶往其他地方的那種心情。

雖然我們相信自己可以將人生帶往想要的方向，

但是說不定我們只是被波浪吞沒的無力的存在。

當然，我並不是命運論者。但是我不得不認同，人生中確實有很多無可奈何，如同我無法控制他人單戀的心一樣。

得到青春發燒反應的那段日子，我帶著一個信念，只要跟著我的選擇走，未來就會變得完全不一樣。因此我對每個選擇都很慎重，也很害怕。這個選擇是正確的選擇嗎？如果是錯誤的選擇，那該怎麼辦才好？如果選錯了，人生不就完蛋了嗎？必須要做出最好的、不會後悔的選擇。雖然這個想法不全然有錯，但是所有事情都遵循我的選擇來進行，實在是非常傲慢的想法。有很多事情是，儘管我想往這個方向前行，卻反而被大波浪帶往另一個方向。「即使我做出了不同的選擇，結果也與現在相似，不是嗎？」會產生這樣的想法，正是出自以下這個理由。

> 你不需要馬上看到整座樓梯，只要踏出第一步就好。[3]
>
> ——馬丁・路德・金恩

3 原文為：You don’t have to see the whole staircase. Just take the first step in faith.

啊，即使年齡增長也依然繼續地發燒！

雖然煩惱有其必要，但是沒有明確的答案；或即使得到答案，事情也不會按照那個方向順利運轉。萬一真的順利運轉了，也不代表它一定是好的選擇。我所做的選擇，即使當下看似正確，隨著時間流逝，也會產生不好的結果；我認為是錯誤的選擇，之後也有可能帶來好的結果。沒有人知道結果會是怎樣。因此沒有必要庸人自擾，不是嗎？

不要試圖控制人生的一切，反正也控制不了。在這個一不小心就會淪為虛無主義的事實面前，我竟莫名地獲得安慰。啊，原來一切並不是我造成的錯。如果早點知道，我是不是就不用那麼辛苦了？

雖然年齡增長後，煩惱和不安還在繼續，但是不再發燒的原因，說不定是因為不在乎自己的無能為力。連這些東西都要煩惱的話，我的體力會不堪負荷。認真地進行思考，似乎是年輕時才有辦法做到的事。老了也是有好處的嘛。嗯？這真的是好事嗎？

青春的發燒反應已經結束了，接著來臨的是中年危機嗎？人生真是一刻都不得閒。好一個發燒反應啊！

因為想畫好

真奇怪。我覺得我明明就緊握著筆，按照夢想的樣子描繪，為什麼會變成這個樣子呢？歪七扭八。就算跟夢想中的樣子不一樣，這也差得太多了吧？我多麼想把它畫好，結果竟然是這個樣子。又不能全部擦掉重畫，看來這輩子是沒希望了。

畫畫久了，手指常常會很痛。我知道為什麼手指會痛，因為鉛筆握得太緊，這是我長久以來的習慣。如果我很專心畫畫，不知不覺就會把鉛筆握得很緊，超出必要的力道。

如果長時間這樣子作畫，手指還會抽筋。握緊鉛筆就會畫得比較好嗎？想太多了！反而畫得沒那麼好。手會變得很僵硬，不能順利地往想要的方向畫。又因為畫得太用力，即使用橡皮擦擦掉，還是會留下鉛筆筆跡。畫得好的訣竅就是減輕手的力道。只要鉛筆不從手中掉落，輕輕地握著畫，這樣就能畫得更好。一開始我當然是輕輕地握著，可是手的力道會漸漸增加，但這絕對不是我的意志。我也不知道為什麼我會這樣。由此看來，我是無法畫好了。減輕力道來畫畫，看似簡單，卻相當困難。

因為想要做好，

因為不想出錯。

因為這種心情而用力。用力會使人變得僵硬，變得不柔軟，變得不自然，變得有野心，變得怯懦。

不管是什麼事情，都看不到因為用力而做得好的。畫畫、唱歌、運動都是，說不定人生也是這樣。因為太用力，所以我的人生也變得歪七扭八的嗎？用力就會累，不是嗎？

沒有人想要渾渾噩噩過一生，任何人在人生面前都會變得很認真，為了好好生活而拚命。咬緊牙關，緊握雙拳，不由自主地用力。為了用力挺住，肩膀變得堅硬結實。

我們不曾試著減輕力道生活。

減輕力道，可能會跌倒、落後，所以從來沒有想過要減輕力道。說來慚愧，這都是因為害怕。減輕力道會使人變得不堅硬，變得柔軟，變得自然，變得沒有野心，變得不怯懦。

長久以來都害怕地活著，現在沒有什麼好怕的了，反正是已經搞砸的畫。（笑）基於這

小心
翼翼
畫出我夢想中
的樣子吧！

媽呀！
你誰呀你！

個理由，年輕時做不好的減輕力道，現在好像做得稍微好一點了。並不是說在南瓜上畫線，它就會變成西瓜，所以我想試著隨便亂畫。只要帶著輕鬆的心情就可以了。想要讓我的人生變得很偉大的野心，現在可以稍微放下了。

來，我們不要用力，一起減輕力道吧！一起鬆開緊縮的肌肉，讓它變得柔軟吧。不要只是默默地站在那裡接受不斷揮過來的拳頭，輕輕地避開吧。如果有想做的事情，不要害怕，試著向前邁出一步吧。儘管跌倒了，也像沒事一樣地站起來吧。

很好，很自然。就這樣……

人生是猜謎

人生常常被比喻成猜謎。必須解開擺在我們面前的令人似懂非懂的問題，簡直就像猜謎一樣。每個人都費盡心思尋找答案，但是好像越解越深陷於迷宮裡，這就是猜謎的陷阱。

如果有正確答案或解答的人，似乎會容易得多，但是卻沒有這種事。只能靠自己找出答案，而且也沒有人可以幫你確認答案對不對。嗯？到底是什麼問題？

我的意思是說大家都在找答案，我也是如此。但光是這樣做也無法解決人生的所有問題。即使認為這是答案，馬上又會懷疑道：「不是這個吧？」如果真的有所謂的正確答案，就不會有這麼多人戰戰兢兢地抱著自己的人生。正確答案還沒有出現。

也許很多人早就察覺到了，人生不可能會有類似正確答案的東西。甚至這個問題的出題者，可能從一開始就沒有制定出正確答案。儘管如此，我們還是不停地解題，因此被搞得快要發瘋。為什麼要提出並解開這種沒有答案的問題呢？

不用太擔心。
人生就跟猜謎一樣。
如果一直解題解下去的話……
一直解下去
的話？
就會不知道到底
在解什麼。
要殺了他嗎？

猜謎的本質是有趣。

是啊。對於為了有趣而出的問題，我們太過於拼命跟驚慌了，不是嗎？只顧著尋找答案，因此失去了答題的樂趣，不是嗎？猜謎並非一定要答對，答錯了也很有趣，這才是猜謎，不是嗎？反正這個謎題也沒有答案。

長久以來，我都非常認真地進行解謎，類似「喂，你看，人生可不是在開玩笑，必須要認真生活才行」的感覺嗎？冷酷無情的現實正在開展，我是解開它們並向前行進的存在，我被這樣的想法給主宰了。因此，我那應該享樂的年輕歲月，過得非常嚴肅。唉，真是可惜呀。

雖然想過得有趣一點，但人生怎麼可以只有快樂呢？當然隨時會有辛苦的、悲傷的、煩躁的、不安的、痛苦的事情來考驗我們。彷彿人生向我提問：

「來，這個問題要怎麼解呢？」

我看了法國演員伊莎貝・雨蓓主演的電影《她的危險遊戲》，這部電影的開頭便是主角蜜雪兒被入侵自家的怪人強暴的恐怖場面。然而，她在犯人離開之後所採取的行動，更令人感到衝擊。她一副若無其事的樣子，從容不迫地撿起衣服、清理破碎的碗盤、沐浴更衣，接著做些日常瑣事，然後去上班。她的態度也未免太過平靜了。（儘管如此，她所遭遇的痛苦跟損害並不輕微。）

這個事件之後，還有許多需要蜜雪兒解開的問題接踵而來。有人在她自己開設的公司內部散布她被性虐待的影片，只有這一件事還嫌不夠多，她的兒子慘遭女友利用，以及被關在監獄裡的父親，都使她再次想起早已忘卻的過往傷痛。即使出現這些問題，她依然是心平氣和。如果換成別人，早就連哭帶喊亂成一團了，她到底是怎麼辦到的？真是太神奇了。具有這種反應的她，是推動這部電影的原動力。她到底在想什麼呢？她真的能解決這些數不清的問題嗎？我因為好奇而持續觀看下去。

蜜雪兒不哭喊也不難過。即便如此，面對這些發生在自己身上的事情，她也不僅是一個被動接收事情的人物。她尋找強暴自己的犯人，以主動的行為來解決當前的問題。但是她卻不會被事情給糾纏住，她並沒有因為這些問題而使日常生活崩塌。從某方面來看，貌似是放任這些問題不管，像是「沒什麼好急的，究竟會如何發展，先等著看吧」這樣，但神奇的是，幾乎所有事情都解決了。

這部電影解決問題的方式真是令人印象深刻。跟一般主角會激烈地以努力和信念來解決問題的刺激感不同，看起來是問題自然而然就解決了。主角什麼事都沒做，或只是做了一點小事，問題就活生生地解決了。即使是事情發展的方向和主角預想的方向不同，問題還是會解決。但是這種解決方式，又不會讓人感覺很荒謬或不切實際，反而覺得更貼近現實。這個世界、人生，絕對不是這麼單純。我的意思是說，這些問題的等級不是單憑我一個人就能全部解決掉。難道蜜雪兒早就知道這個事實了嗎？她超然的態度也是出自這裡嗎？

有時很想問問人生，問它為什麼要這樣不斷地拋出問題。一解再解，還是解不完，還是沒有答案。到了這地步，感覺人生真的就像一個玩笑。這玩笑就如同沒有正確答案的猜謎。

如果玩笑走過來了，就用玩笑回應它吧。

沒有必要太嚴肅，也沒有必要每次都這麼認真，更沒有必要尋找答案。就像開不起玩笑，還很認真回答的情況一樣，我不想活得這麼沒sense。

我的未來仍然很不安，現實一樣寒酸落魄，但是我不再像過去那樣做出悲觀的反應了。因為這是一場「反應」比「答案」還重要的考驗。我的反應還不錯吧？

至少也要
讓我隨心所欲一次

對於電量耗盡的我們來說，

真正需要的東西不是「多一點」，而是「少一點」吧？

如果擔心可以稍微少一點，

努力也稍微少一點，

後悔也稍微少一點，那就太好了。

如果你是大人就不可以玩樂

大人討厭玩樂。不僅是討厭，似乎是將其視為罪惡的程度。他們曾說「螞蟻與蚱蜢」的故事給我聽，威脅年幼的我。看到了吧？玩樂就是這麼壞的事情。我感到很害怕，我從來沒有聽過這麼恐怖的故事，玩樂的代價竟然是要像蚱蜢一樣去乞討。不知不覺，玩樂在潛意識裡就變成了罪惡。

時間不停流逝，長大之後，我也變成了螞蟻。我努力地收集穀物，但是光靠這些根本買不起一棟房子，只能勉強餬口飯吃而已。儘管如此，我認為不用去乞討，就已經是萬幸了。乞討的蚱蜢，你看到了吧？

每天只會唱歌的蚱蜢，領悟到自己還不配成為歌手。（我以為的是這樣。）蚱蜢把自己作的曲子給了新人女子團體，結果那首歌爆紅。（嗯？不行這樣逆轉吧？）蚱蜢成為有名的作曲家，以藝名「勇敢的蚱蜢」發表了好幾首熱門歌曲，光憑版權費就夠一輩子不愁吃穿了，不久前還看到他買房子給爸媽的訪談報導。那個傢伙，是個孝子啊。

最近我只要和工蟻朋友們見面，就會邊倒酒邊說著這種話。

「要學學作曲啊。學作曲。」

小時候是因為大人不給玩所以沒辦法玩，我以為長大成人之後，會多一點選擇權，因為是想玩就玩的大人。但是成為大人之後，怎麼好像更不能玩樂了。也沒有人不准你玩，但就是沒辦法玩。如今的情況是成為大人的我，自己不准自己玩樂。大人確實是討厭玩樂。

不是這樣的。事實上，大人也很想玩樂，非常非常非常想玩。金代理、李次長、崔部長也都很想玩樂。但是沒辦法玩樂，因為必須賺錢、必須負擔家計、必須為老年生活做準備。不能玩的理由像這樣多到不勝枚舉，但是必須玩樂的理由一個也找不到。如果沒有正當理由，大人們就算想玩也不能玩。不對，是無法玩。所謂的大人還真是不坦率。

我也沒什麼不同。雖然我也很想玩樂，但是找不到必須玩樂的正當理由，只好以工蟻的身分繼續活下去。後來，我找到了一個正當理由，那就是「如果不工作也可以賺錢的話」。

是啊。如果能賺到這麼多錢，就可以盡情地玩樂了。我勤奮地工作，努力地存錢，然後過了很長一段時間，我明白了，灰塵累積得再多都還是灰塵。結果我還是沒有辦法玩樂啊。原來要等到我變成老人，不能工作了，到了那個時候才能玩樂啊。坐在首爾鐘路的塔谷公園

如今你我不都是大人了嗎？
哪裡還有比這更好的理由？

餵鴿子……啊，一定很好玩喔。

老了才能玩，那還有什麼用？我現在就想玩。我一開始找到的正當理由，對我來說是個非常困難的習題，簡直是不可能的任務。我需要其他正當理由。

社會生活過著過著，也學到了一些好東西。譬如，正當理由之後再創造也可以。即使沒有正當理由，只要你願意，就能編造出來。和上司們聚會喝酒，還一起去洗三溫暖，搭配這樣的說詞，就創造了一個在別人看來還不錯的正當理由。

「基於這樣這樣的理由，所以決定把案子交給這間公司做。理由非常正當確實，大家都沒有不滿吧？」

真是學到了好東西。大人的世界裡，正當理由就是這麼重要的東西。總之就是這樣。

面對欲望必須坦率一點，想玩就玩啊，正當理由下次再找吧。我就這樣邊玩邊找到的第二個正當理由，正是「為了尋找正確的方向而暫時徘徊」。這個理由真棒。是呀，如果是這種程度，就算讓其他人來看，也很有說服力。因為每個人至少都煩惱過一次「我正在前往何處呢？」這問題。

說不定我現在徘徊的原因，只是為了玩樂而已。

我就只是想玩。

真是個沒有對策的大人啊。這裡先暫停一下，請對我媽媽保守祕密。我媽還不知道我是因為想玩才離職的，她以為只是因為公司情況變差，剛好繪畫案件變多了，所以才離職的。如果她知道事實的話，肯定會猛打我的背。

「到底什麼時候才能懂事？快點去找工作！」

我從工蟻變成蚱蜢了，天天唱著歌。其實我一直很想變成蚱蜢，只是因為害怕，所以才成為工蟻。如今我不再害怕了。不，還是有一點怕。儘管如此，我還是喜歡蚱蜢。

你問我寒冷的冬天來臨時該怎麼辦？到時候再嘗試作曲看看。不然，試著寫一篇小品文吧？篇名就叫做〈差一點就像螞蟻一樣生活了〉。你知道嗎？成為暢銷作家就可以盡情玩樂了喔。

哈哈，我要出書？這怎麼可能。我就只是想要玩樂而已。像蚱蜢一樣，喝杯啤酒吧！

離職的滋味

離職很甜蜜。不需要冗長的說明，每天早上鬧鐘響了也不用出門上班。結束！說明就到此結束。

星期一症候群？那是什麼？可以吃嗎？不需要早起，不需要確認月曆上的紅字有幾天。發現有便宜的機票？不需要確認日期，直接買就行了，因為隨時都可以出發。那些討厭也必須要見的人？不見也沒關係，現在只跟想見的人見面。平日白天就到處閒晃，因為很悠閒，所以很棒。但是，要能夠在那個時間起床。（笑）

誰不把一天的三分之二留給自己，誰就是奴隸。[4]

——尼采

讓眼睛為之一亮的甜蜜滋味，這個味道是自由的味道。在過去如同奴隸般侮辱和恥辱的

4 原文為：Who does not leave 2/3 of the day to himself, who is the slave.

歲月裡，我多麼期待這一天的到來。我長久以來都是公司的奴隸，如今是個自由人了。問題是這種自由的喜悅無法維持很久。雖然一開始因為得到離職的甜蜜感，所以感覺非常好，但是過了一段時間我就明白了。

光靠甜蜜感是活不下去的，自由不會給人飯吃。

當我明白這個事實的瞬間，曾經甜蜜的自由，味道也瞬間改變了。令人不悅和不安的味道。感覺到這個味道之後，大腦就開始大肆分泌「不該離職」的後悔。甜蜜感結束了。啊，就為了這個短暫的甜蜜而離職嗎？我現在不是公司的奴隸，而是不安的奴隸了。

電影《刺激1995》裡面有一個叫布魯克斯的人物，他年輕時被關進監獄，長期服役超過五十年後，已成了白髮蒼蒼的老人。布魯克斯不曾發生任何問題，作為模範犯人在獄中度過了五十年。這樣的他，卻把刀子架在獄友脖子上，引起了騷動。原因就是他聽到自己被假釋的消息，布魯克斯哭喊著不要把他趕出監獄。雖然出獄後可以成為自由之身，但是他一點也不開心，反而覺得很害怕。

或許他的害怕是很理所當然的。足足五十年，雖然對於獄中生活瞭若指掌，但是對於要如何在外面的世界生活，卻是一無所知。這如同把在動物園出生及成長的老虎放生，讓牠自己到山裡面捕食獵物一樣。而且還是老到連捕食之力都沒有的老虎。很顯然地，回到山裡的老虎撐不了多久就會死掉。對布魯克斯來說，出獄跟叫他到外面去死沒什麼兩樣。朋友也都在監獄裡面，外面一個朋友都沒有。監獄就是家，他的心願就是像現在這樣在監獄裡生活，到死為止。外面並不是自由，而是恐怖。

「這個鐵欄杆很好笑吧？剛開始很討厭，後來就漸漸熟悉了。過一段時間之後，就再也離不開了。這就叫做習慣。」

出獄之後的布魯克斯沒有半個認識的人，也無法適應已經變太多的獄外世界，最終選擇自殺。習慣就是如此可怕。

我感覺自己好像變成了布魯克斯。現在要怎麼活下去呢？太過熟悉只要撐一個月就可以領到錢的公司生活，不知道要如何在外面的世界賺錢過日子。在這裡怎麼撐也不會給你錢。雖然不想承認，但我確實是習慣奴隸生活了。啊，完蛋了。竟然是這麼不安的自由，我還能繼續以自由人的身分活下去嗎？

離職的滋味＝蜂蜜的甜味！

失戀的痛苦

自由工作者，不需要到某處上班，也不需要設定鬧鐘，一整天都可以做自己想做的事，不需要看上司臉色的生活，乍看之下好像還不錯，實際體驗過後，感覺更好。（笑）

當然還是必須賺錢，但是像我這種不勤於畫圖跟宣傳、無所事事的作者，根本沒幾件委託案，因此我獲得更多的時間來交換金錢。嗯？這是好事嗎？

有很多自由的時間真的很好，但問題總是在於錢。到公司上班的時候，雖然只有微薄的薪水，但是每個月都會入帳，帳戶會再次被填充，所以沒什麼關係，然而自由工作者沒有薪水。由於好幾個月都沒有收入，確認持續減少的帳戶餘額時，常常都會嘆一口氣。不增反減的帳戶餘額讓我感覺我的人生無法往前進，而且正在往後倒退。甚至偶爾會感覺我的人生走錯路了，或許帳戶餘額的數字已經成為評量我生活品質的指標了，不管怎樣，持續減少的帳戶餘額的確足以動搖一個人的靈魂。哇啊！減少了。我的整個生活都在動搖。完蛋了，我好不安啊！是啊，自由工作者的生活很不安，也許就是因為這種不安，讓許多人無法從公司離職，因為我也是如此。

我之前上班的公司，算是工作氛圍比較自由的公司。事情多的時候當然要認真工作，沒事的時候，即使玩樂也不會擺臉色給你看。並不是說沒來上班也可以，而是在辦公室裡，要做什麼都沒關係。

曾經有一段時間，公司沒有什麼事情，當時我每天都盯著電腦來打發時間。電影也看了，網購也逛了，網路笑話也看到沒得看了，時間還是過得有夠慢。啊，如果能自由地在外面閒晃，該有多好啊。但是我的時間不是我的東西，而是公司的東西了。我感覺好像坐在桌子前面接受拷問。

就這樣過了一個月之後，薪水入帳了。這筆錢是用我的自由換來的，跟工作的質與量無關，只要這一個月都守在位子上，就會有相同金額的薪水進帳。

說到底，上班族不就是販賣自己的時間來賺錢嗎？

有人說這是身在福中不知福，雖然這麼輕鬆就能賺錢，也可以說是獲得很大的利益，但是對我來說，卻感到巨大無比的鬱悶。儘管如此，我還是無法放棄薪水，只好乖乖地被綑綁在桌子前面。不是有人把我綑綁在那裡，而是我正在拘留我自己，這個事實令我更加鬱悶。啊，令人又愛又恨的薪水。

成為自由工作者之後，現在有很多自由的時間。但是為了享用自由的時間，必須支出很多費用。我等於是用販賣自由而積存下來的錢，再次原封不動地拿去購買自由。真是有夠諷刺的。

由此可見，上班族販賣自己的自由（時間）、努力存錢的理由也是為了將來想要自由自在地過生活，不是嗎？結果，這麼努力存的錢，又再次拿去購買自由，看起來跟我現在的情況並沒有什麼太大的差別。這麼一想，人生彷彿產生了巨大的矛盾。這件事情不知道該向誰追究？

我和薪水分手了。偶爾會想起和她（薪水）在一起時的各種回憶，並且露出微笑，這種時候就會非常想念她，想念她給予的安全感。但是她約束我太多了。回想已經分手的女人要幹麼，我現在已經有新戀人了，她的名字叫「自由」。雖然偶爾會令我很不安，但是她不會約束我，所以我很喜歡。

如果想要談戀愛，就要支付約會費用。和前女友談戀愛，是以自由來支付費用；和現任女友談戀愛，是用錢來支付費用。實在很難斷言哪一場戀愛比較好，各自有其優缺點。但是不變的真理就是必須好好對待現任女友。基於這個道理，我要更愛我所擁有的自由。

像現在這樣一邊擁有自由的時間一邊賺錢，認為這樣很好的想法或許是貪心了點。運氣好的人可以兩者都擁有，但是像我這種無產階級，只能選擇其中一個。

我在錢和自由之間，選了自由。

我放棄薪水，並且每個月花費與薪水等值的金額購買自由。我花錢買來的自由，如果不盡情地享受，豈不是浪費錢了。因此，不要再確認帳戶餘額了，去玩樂吧！不要感到不安！如果真的覺得很不安，就去賺錢吧。

我現在還沒有想賺錢的念頭，由此可見，應該還撐得下去。既然整理得一清二楚了，那麼，現在應該要盡情地和自由一起玩了。不要捨不得花錢。

薪水，我好想你。

自由工作者今天也哭了。

把我填滿的時間

好像下班回到家以後，我的時間才開始。不管怎麼說，我都覺得在公司的時間不是我的時間，因為充滿了必須要做的事。

下班後的時間則過得特別快。嘖，明明在公司就過得很慢。為了明天，睡覺之前的時間只剩三、四個小時左右。若是悠哉緩慢地行動，什麼事都還沒做，馬上就得去睡覺了。雖然不是非做什麼不可，但是感覺應該要做些什麼。其實頂多就是看看下載好的電影，或是上網買一些不必要的東西，但是如果連這些都沒做就去睡覺的話，不知為何會感到很委屈跟可惜。因為如果連這個時間都不做任何事情，今天一天就在只做別人指使的事情中度過了。

啊，已經到該睡覺的時間了，不想睡也得睡。現在睡了，明天才能去上班。就這樣抱著不扎實的空虛感入睡了。我的時間根本不夠用，想做的事情這麼多，卻沒有時間做。

現在我因為已經離職了，所以時間很多，多到可以把想做的事情全部都做完。那麼，現在要做什麼好呢？盡情地做想做的事吧！嗯？奇怪了。明明有很多想做的事情，但是時間真的變多之後，卻又沒有想做的事情了。我為什麼會這樣呢？

做什麼都行的自由
什麼都不做的自由

這是以前偶然在路上看到某一家度假村的著名廣告文案。我還記得第一次看到這個廣告文案的瞬間，當時我還是個大學生，然而我一看到這些文字，突然有股強烈的衝動想要立刻出發到那個地方。啊，好想去那個地方。但是我既沒錢又沒時間，有什麼資格去？就這樣，我將苦澀的心情粗略地撿起來裝好。

可是，為什麼會想要去那裡呢？我明明就沒有很喜歡旅行。仔細想想，是「什麼都不做的自由」這一句話激起我的欲望。事實上，我並不是想要去度假村，我是什麼事情都不想做，想要脫離每天只有充滿義務的人生。然而，這並不是到度假村休假幾天就能解決的事情。哎呀，連自己真正想要的東西是什麼都不知道，還誤以為是想去度假村。話說回來，不知道這是誰寫的廣告文案，寫得還真棒。差點就讓他成功掏空我的口袋了。

現在也是如此。我這麼想要擁有自己的時間，其實不是因為想要做什麼，而是想要什麼都不做。這段時間明明就吵著想要做些什麼，結果竟然是什麼都不想做，雖然我很想問自己，事到如今是在說什麼屁話，但是我偶爾也會搞不懂自己的心。

也許我們根本不知道自己真正想要的東西是什麼，
因此只好用虛無縹緲的東西來填補飢餓。

大白天坐在沙發上發呆，不知不覺天就黑了。真的什麼都沒做，就度過一天了。時間就是金錢，如果是以前的話，會因為覺得很可惜，把這些時間拿來做點什麼事情，而我現在正在胡亂使用這些時間。這輩子從來沒有浪費過的我，正在盡情地浪費時間。不管怎麼說，都不會只有浪費人生是浪費。（笑）

沒有半個人會對我使眼色，也沒有必須要做的事。有多久沒像這樣一整天什麼事情也沒做了呢？像這樣過了一天之後，反而有種滿足的感覺。一整天都是為我而用的感覺，這不是浪費，而是被什麼東西填得滿滿的感覺。不是只有必須做什麼的時間，才具有意義。有時候，什麼都不做的時間，才具有更大的意義。對我來說，我需要這種時間。

要是永遠都這樣過，會有一點問題。我不是想要永遠都不做任何事情的生活。只是「現

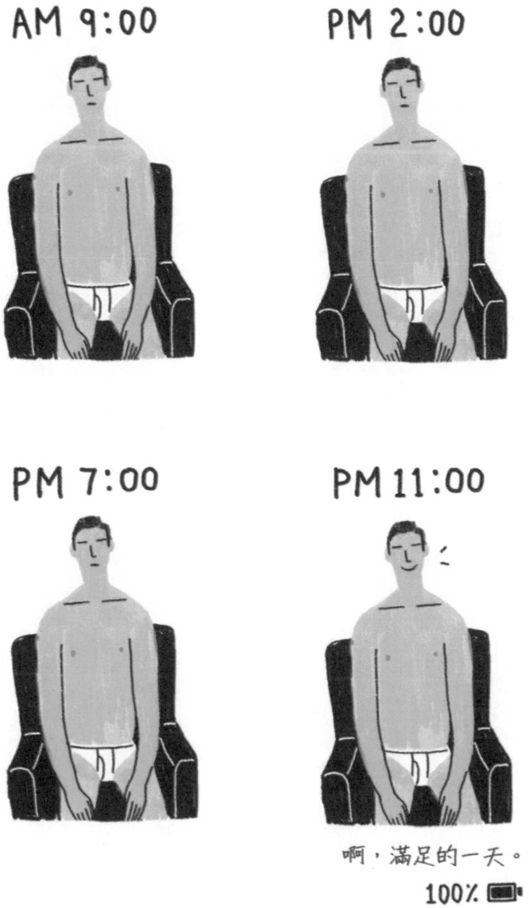
AM 9:00
PM 2:00
PM 7:00
PM 11:00
啊，滿足的一天。
100%

在」想要這樣，一直到再多充一些電為止。我可能是電量耗盡了吧。先前不斷地做著應該要做的事，我在努力的這段期間所耗盡的能量，說不定就這樣藉著什麼事都不做而重新填充回來了。

我現在正在充電中。

有一種稱為身心俱疲症候群（Burnout Syndrome）的疾病，是因為過度埋首於工作，沒有充分地休息，結果將精神能源消磨殆盡，陷入無力感、憂鬱及自我厭惡等症狀之中。

即使我們沒有達到身心俱疲的狀態，大多數人的能源都是斷斷續續的。雖然偶爾會為了休息而擠出一些時間，但是卻短得不可思議。既然是珍貴的休息時間，怎麼能隨便亂用呢？為了依照計畫順利地度過休息時間，我們又再次耗費心思。導致休息的期間也無法真的好好休息。

幾年前我也曾因為能量完全耗盡，而辭掉當時的工作，自願成為無業遊民。雖然想好好休息並充電，但是卻充得不太順利。因為我認為什麼事都不做是一種浪費，無論如何都應該要做點什麼才對。做什麼好呢？我很煩惱。我用擔憂和煩惱填滿了那段漫長的時間，我誤以為這樣就是所謂的努力。但要是無法擁有自在的心，即使時間再多，最終還是無法得到真正的休息。

據說人類利用大腦的百分之九十五來思考過去和未來，對過去的後悔及對未來的不安。雖然我們活在現在，卻無法專注於現在。我們只用區區百分之五的大腦來度過現在，電量也只能馬上就被耗盡了。對電量耗盡的我們來說，真正需要的東西不是「多一點」而是「少一點」，不是嗎？如果擔心可以稍微少一點，努力也稍微少一點，後悔也稍微少一點，那就太好了。這不就是電量不耗盡的智慧嗎？

那麼，我要繼續什麼事也不做了。

我還不需要安慰

最近身邊的人看待我的眼神很不尋常。該怎麼說呢？就是那種言語中沒有表現出來，但是會用憐憫的表情看著我之類的，一起吃飯或喝咖啡時，會執意要去結帳，這不管怎麼看都是一種安慰。難道，我成為需要安慰的人了嗎？

「我不要努力生活了」的宣言，似乎在大家聽起來是「我要放棄人生了」。是從什麼時候開始，只要不努力生活就會變成放棄人生的？

將努力視為理所當然的世界，這樣的世界乍看之下很好，但是相反地，也可以看成是即使被迫努力生活也不能吭一聲的世界。

「拿多少錢做多少事。」

「遵守下班時間。」

「用有效率又簡單的方法來做事。」

如果你這樣做，就會遭受各種指責。

「這是最好的嗎？在我看來，這跟缺乏熱情沒什麼兩樣。」

「你呀，把這工作看得太簡單了。除了你以外，還有很多人想做這個工作。」

「你這樣子耍小聰明，真是太令人失望了。」

在這個努力至上的世界，不管怎麼辯解都行不通。不努力的我就是個過錯。

我沒有放棄人生。

反而是因為有想要好好過生活的心，才會決定不努力生活。

我也沒有放棄欲望。我想賺更多的錢，賺得比現在還多，也希望可以擁有自己的房子。

但是我不想為了得到這些東西而無條件地去努力。

「你不努力卻想得到這麼多東西？沒有東西是不熱切渴望就能獲得的！」

萬一是因為這種理由而無法擁有那些東西，我認為那也是無可奈何的事情。我想將這種心情稱為不在乎，而不是放棄。這種心情是雖然我很想要，但是即使無法擁有也沒關係，有

要怎麼做才能像你一樣自由？
只要拋棄一樣東西就可以了，「人生」。

我是「三拋」，但是你只拋棄了一樣東西，所以你比我好。
喂，為什麼突然要安慰我？我很可憐嗎？
開什麼玩笑啊！

的話當然很好，不過擁有並不是生活的目標，雖然不是沒有欲望，但是我不會因為欲望而感到痛苦。

不努力生活並不表示我不工作或是不賺錢。儘管現在是先專注於玩樂上面，但我還是會工作賺錢。如果不想餓死，就只能這樣做。

只是不想因為「努力」的理論，
使我的時間跟熱情受到壓迫。

我不想因為工作或錢而讓人生中的許多時間被搶走。至少一年中要有三、四個月的時間完全屬於我。哎呀，太貪心了嗎？

自由的「我的時間」已經達到今年的目標值了。來，現在只要賺錢就好。我不想要很有錢，只要能讓生活過得去就足夠了。但是工作並非想做的時候就會剛好跑來，我最近就沒有工作可做。不管怎麼說，我突然有種預感，我似乎是不可能賺很多錢了。如果以前就已經不努力生活，說不定我現在早就變成活不下去的狀態了。啊，難道不努力生活真的太無理取鬧了嗎？

現在下定論還太早。至少我在自由和錢兩者之中，有一個是充足的，所以有一半是成功的。而且也還不到一年。（我的帳戶裡存了足夠支撐一年的錢。）如果到了最壞情況，就要重新努力生活，我也有這樣的覺悟了。如果不努力生活，就不能生存的話，那我也沒其他辦法了吧？生存不是令人羞恥的事情。我要在這種情況來臨之前，繼續這個衝動的挑戰。在那之前，我謝絕一切安慰。等我真的完蛋的時候，再來安慰我吧。

獨自一人的時光

學校，是我的第一個社會生活。我在上小學之前，從來沒有體驗過團體生活。有很多小孩在上幼稚園的時候就提前體驗團體生活了，但我家的生活水平沒辦法讓孩子去上幼稚園。

我在上學前的記憶不多，主要都是獨自玩樂的記憶。在這種情況下，突然進到名為學校的地方過團體生活，那還真不是普通的累人。因為不知道要怎樣才能交到朋友、要怎樣才能和別人相處，實在是相當困窘。八歲時，我第一次對人際關係感到疲累。

隨著時間過去，以及在學校裡的年級升高，我雖然漸漸地熟悉團體生活了，卻仍舊覺得人際關係很困難。

「我討厭做這個，但是就算討厭也要跟大家一起做吧？」

「要是看了我的便當菜之後嘲笑我貧窮，該怎麼辦才好？」

「如果沒人想跟我搭檔的話，該怎麼辦才好？」

因為這些瑣碎的擔憂，心裡沒有一天是舒適自在的。只有放學走路回家的那段時間，是什麼都不用煩惱的時間。

學校到家裡的距離，以小孩子的腳程來算，走路大約需要花費三十分鐘。因為沒有其他交通方式，所以我都是走路上下學。這條大長征之路要越過一個有許多無名氏墳墓的矮丘，接著要經過散發著牛屎臭味的農舍（這是在首爾沒錯），最後還要橫越有可怕的哥哥們在上課的高中操場。

我討厭和回家方向相同的人結伴一起走，我喜歡甩掉相同方向的朋友，或者找各種藉口一個人回家。因為這三十分鐘是我唯一可以獨處的時間。我好喜歡這段時間，邊走邊發呆，不知不覺就到家了。有時候會希望家裡離學校遠一點，我似乎真的很喜歡這段時間。

當時家對我來說並不是非常舒適自在的地方，我們家跟和樂融融的家庭相差甚遠。那是總是喝酒醉的爸爸所在的地方，是被不知何時會發生的暴力所盤據的地方。無論在家還是在學校，內心都不能感到舒適自在。

因為各式各樣的人而感到疲累的幼時的我，雖然很渴望能有獨處的時間和空間，但是由於一家五口同住在一間套房裡，所以絕對不可能會有自己的空間。去到哪裡都是人、人、人，總是跟人在一起。只有連接學校跟家的那條路是唯一的安慰與休息。

小學畢業之後，人際關係還在繼續。國中、高中、大學、出社會……我認為自己已經漸漸適應與別人相處了，但還是會因為人而覺得很累。於是有一句如同格言的話，不知不覺地深植在我的心裡了。

令人疲憊的東西，永遠都是人。

我獨自一人吃飯。
我獨自一人喝酒。
我獨自一人看電影。
我獨自一人旅行。

獨飯、獨酒、獨影，這世界成為了流行什麼事情都獨自一人去做的世界。雖然這是因為一人家庭增加以及個人主義時代到來而出現的現象，但不知為何我卻想起了小時候的放學之路。這

難道不是因為一個人才感到舒適自在的人、對人際關係感到厭倦的人正在增加嗎？就連明知是要與他人一起做的事情，都想獨自一人去做。

「今天要吃什麼？」

即使是這種單純的問題，我們也會有無數個想法。

「今天我想吃這個，但是其他人應該不想吧。」

「哼，反正還不是會吃你自己喜歡吃的，真討人厭。」

「不要吃太貴的東西就好了……」

和某人一起做某事並不是件容易的事。有時候要收起自己的意見，配合對方的喜好或想法，有時候也會因對方不懂得體諒而覺得心情不好，有時候還要考慮我的口袋裡有沒有錢。因為各式各樣的事情而變得疲累。

如果對方是有力量的「甲方」，問題就更加嚴重了。我認識的一位熟人說，他前公司的老闆每次午餐都堅持要吃凍明太魚鍋，所以他就算討厭也要持續吃下去。在這之前的公司老闆是只點中華料理來吃，炸醬麵、炒碼麵、炒飯輪流吃了一年，他因此受了不少苦。唉，這個朋友沒有遇到好老闆的福氣啊。

曾經有一段時間，我很喜歡一個人去電影院看電影。一個人看電影確實很自在，約定、等待、見面，這些麻煩的過程全都可以省略，多棒呀。還可以挑我想看的電影，欣賞電影時也不必因為要看人臉色而擔心「如果一起來看的人覺得不好看，那該怎麼辦？」，可以在沒有外部干擾的情況下，好好地享受電影。

以前有很多人會問要如何一個人看電影，但是現在這樣問的人變少了。因為現在是會獨自一人吃飯的世界，大家都正在感受一個人的舒適自在。

一個人看電影是很好，不過也有覺得可惜的瞬間。電影一結束就要起身離開，想要分享說很有趣、很無聊等等，卻沒有可以分享的人。獨飯或獨酒的時候也是一樣。雖然舒適自在很好，但是沒有一起分享情感的人，卻令人感到有些落寞。聽說獨飯文化比我們先進發達的日本，他們有在獨自吃飯期間可以對話交流的網站，看來獨自吃飯時所感覺到的落寞感不分國籍，是大家都感覺得到的情感。因為他人感到疲累，所以選擇獨自一人，結果竟然又在想念著人，真是諷刺啊。

想要獨處的心情，這種心情終究還是因為和人有所連結才會產生的。如果一個人在無人島，根本不會產生想要獨處的想法。如果老是想要獨處，有多想就表示人際關係有多累人。一定要有獨處的時間。這個時間是療癒的時間，讓你因為人際關係而疲累的身心休息的時間。因此一個人吃飯、一個人喝酒，要享受多少一個人做的事情都沒關係。但是，做完之後一定要回來，回到令人疲累、厭煩的人群中。只要不要忘記這件事就好。

如果沒有可以回來的家，旅行還是旅行嗎？
真正的孤獨者，還能享受孤獨嗎？

獨處的時間是為了再次回來而進行的旅行，若懂得了暫時遠離並觀察的智慧，這個時間將成為感謝自己不是真的獨自一人的時間。

我喜歡懂得獨處的人。比起無法忍受獨自一人、所有事情都想要一起做的人，我更喜歡能一個人做很多事的人。我認為這種人也比較容易和他人建立良好的關係。

懂得暫時遠離人群的人、清楚知道獨自一人的孤單也不感到害怕的人、明白獨自一人雖然舒適自在，但最終還是無法獨自活下去的人、充分享受孤獨之後，再次喀噠喀噠地走進人群，欣然地和大家在一起的人。我想成為這種人。

好，如果已經充分地享受過了，現在是該回去的時間了。

呼嚕呼嚕地喝下

為什麼中年過後肚子就會凸出來呢？這分明是因為某件事而遭天譴。

——節自漫畫《白天的澡堂酒》

我不用特別做什麼努力，就能長期維持一定的體重。雖然不是肌肉結實的好身材，但也擁有非常纖瘦的身材，然而這樣的我在年近四十之後，身材開始產生變化了。好像有一點變胖，原來我在不知不覺中遭到天譴了。啊，如今我也是中年人了啊，身體正在告訴我。

我知道這是因為什麼事而遭天譴。（笑）就是酒，尤其是啤酒。禍根就是從去年冬天開始的，啤酒喝得有點多了。因為剛離職，時間很多、心情又好，這種氣氛下怎麼能不喝一杯呢？尤其是大白天喝的啤酒。

白天喝的酒能讓人感受到奇妙的解放感和自由。如果是以前的話，這正是被關在辦公室裡工作的時間，而如今竟然可以這樣小口小口地喝著啤酒，真是太幸福了。因此，要是遇到有賣啤酒的咖啡廳，就會覺得非常開心。本來是想喝咖啡才走進咖啡廳的，如果看到有啤酒，心裡就會自行給出評價：「這家咖啡廳，真是令人滿意啊。」感謝他們的體貼，在咖啡廳明亮美好的氛圍中，給予我喝啤酒的機會。由於機會不常有，我決定咖啡下次再喝，並且點了啤酒。喝醉了也不會引起騷動，就安靜地喝完，然後離開。

坐在有陽光灑進來的靠窗座位，一邊喝著啤酒，一邊注視著街道上的人們，幸福也不過如此吧。哎呀，任誰看了都會以為我真的是酒鬼。雖然常常喝酒，但如果被稱為懂得品酒的酒鬼，那還真是當之有愧。

在酒聚上，比起喝酒，我反而屬於狂吃下酒菜的類型。真正的酒鬼，就算沒有下酒菜，也能輕輕鬆鬆地解決好幾瓶酒，但是我沒有下酒菜的話，就喝不了什麼酒。其實食物才是主角。酒是為了讓食物變得更加美味而存在的配角。

油滋滋的義式臘味香腸披薩配上印度淡色艾爾啤酒、熱呼呼的關東煮烏龍麵配上溫暖的熱清酒、煎得香脆可口的泡菜煎餅配上馬格利酒，通通都是絕配。我不太能喝燒酒，雖然不是完全不能喝，但燒酒是種危險的酒，我有很多因為燒酒而受苦的回憶。燒酒是跟「簡單」一點也不配的酒，它是一定要喝醉、為了喝醉而喝、喝到不省人事的酒。我最近不怎麼喜歡喝醉。

年輕的時候，酒聚上一定是喝燒酒。大部分的酒聚都是員工聚餐（我的第一個職場是美術補習班），或幾位老師們之間的小型酒聚，由於我並非處於可以挑酒種的處境（是蹭飯吃的處境），只能人家倒燒酒就喝燒酒。我也不是會假裝不能喝的個性，反而是出乎意料地能喝，又加上當時是面臨各種艱難的時期，於是就呼嚕呼嚕地把燒酒喝下肚了。

續第二攤、第三攤都是基本的。那個時期就算喝醉了，只要到廁所吐一吐，馬上又可以繼續喝了，體力也還很好。就這樣一直喝到最後一攤，大家都喝醉了，緊接著展開瘋言酒語大會。不管隔壁的人說什麼都會聽他說，然後隨便回話。雖然隔天彼此說過什麼話都不記得了，但是這些夜晚卻成了安慰。因為即使將「國王長著驢耳朵」的祕密全都宣揚出來，也沒有人會記得。我們就這樣成為彼此的竹林，託酒的福才能順利堅持下去。對了，不知道當時的那些人現在過得好不好？

雖然現在不太會有喝到最後一攤的酒聚，但是如果像當時那樣喝，隔天可能會以屍體的形式被發現吧？就算是跟很久沒見面的朋友喝酒，大家似乎都想在適當的界線內喝酒，然後回家。體力大不如前了、要看老婆的臉色、雖然明天是星期六，但是要去加班……等等，儘管理由各不相同，但我們都在不知不覺中變成疲累的大人了。話雖如此，並不表示我想再像當時那樣喝酒，光是用想的都覺得快要吐出來了。那種時期只要曾經有過就夠了，我喜歡不喝醉的現在。

這天是溫暖的春日。我到弘大附近開會，結束之後沒有要去的地方。太陽還沒下山的午後時光，就這樣回家去有點可惜。我悄悄地往弘大入口站那邊走，然後進到一家日式立飲居酒屋，之前和熟人一起來這裡喝過幾次酒。雖然常常在咖啡廳或家裡享受「獨酒」，但是獨自一人到居酒屋，卻是第一次。有種很正式的感覺，有點緊張。

大概是因為時間還很早，所以只有一桌客人。兩位看起來是朋友的年輕小姐，正在喝著燒酒。原來是懂得在這個時間享受燒酒的小姐啊。我

今天也是因為心情好才喝了一杯，
並不是因為喜歡酒才喝的喔。

不能輸給她們，緊張的心情也只是暫時的，我做好覺悟並選定離她們比較遠的位置。苦惱了一下，最後點了一合德利[5]的清酒跟牛肉半敲燒。

我看看四周並等了一會兒，下酒菜和酒就來了。首先，先把溫熱的清酒倒進杯子裡。接著在切成薄絲的洋蔥上放一片表面微熟的牛肉，然後送進嘴裡。真好吃。下酒菜吞下去之後，再喝一口剛才倒好的清酒，熱熱的酒精香氣立刻充滿整個口腔。嗯，在居酒屋裡喝獨酒也很不錯耶，這就是獨酒的味道嗎？

但是在居酒屋裡，獨自一人喝酒吃菜，沒有任何對話，漸漸變得有點尷尬。喂，吃得這麼專心，看起來好像餓了好幾天的人喔。我才不是因為肚子很餓，是因為除了吃也沒其他事情可做。這酒聚好無聊啊。

就算吃到好吃的東西，旁邊也沒有人可以讓我說聲好吃，所以我覺得很無聊。即使是隔壁桌的客人，我也好想走過去，對著他們大喊好吃。如果我說好吃，對方也會回答說好吃，互碰一下酒杯，接著「嘛」地一聲把酒喝光，然後發出「喀啊」的聲音相視而笑，缺乏這些還叫酒聚嗎？

5 德利即「とくり」，日本用來裝清酒的長型小酒瓶，一合有一八〇毫升。

不行再這樣下去了。我打電話給朋友，說我獨自一人在喝酒，結果他問我幹麼要一個人這麼淒涼地喝，叫我過去找他。那裡是哪裡？宣陵？啊，有點遠耶。不過如果你希望我去的話，我就去吧。稍等一下喔。我趕緊解決剩下的酒跟下酒菜，然後起身離開。

我還是比較喜歡一起喝的酒。

正因如此，我才說若被稱為懂得品酒是當之有愧。如果真的很懂品酒，就會非常享受那段完全投入於酒的時間。在酒聚中，我喜歡的東西似乎不是酒，也不是食物。是人。和喜歡的人一起聊天、大笑、吵鬧，我喜歡這樣的酒聚。

我最好的酒友就是女朋友。儘管我和很多人喝過酒，仍然沒有跟女朋友一樣好的酒友。由於我們交往超過十年了，所以一起喝酒的歷史也有這麼長了。

雖然女朋友喝不了太多酒，但是她喜歡喝酒，也很享受喝酒。吃到好吃的食物時，在我開口之前，她就會先說：「這個如果配上啤酒，一定很美味。我們要不要小酌一杯呀？」這是我心裡等待已久的話。不需要很會喝酒，我們喝一兩杯啤酒就夠了。恰巧到達心情很好的程度。這一點我們非常契合。因此我們不管是外食還是在家吃飯，常常都會喝酒，對話也自然而然地變多了。如果適量飲用，酒就可以成為對話的潤滑劑。如果喝過量，就會被抓住小辮子，這點須多加注意。

聽說我認識的某對夫妻不曾一起喝酒。雖然其中一方想要一起喝，但是因為對方不喜歡喝酒，所以沒有辦法一起喝。聽了這個故事，我覺得自己好幸運喔。跟最喜歡的人一起邊喝酒邊聊天，也是天大的幸運。如果女朋友討厭喝酒的話，我要跟誰喝呢？還有跟她一樣令人感到舒適自在的酒友嗎？腦中幾乎沒有這樣的人浮現。那或許我會變成享受獨酒的人吧

我們是享受喝酒的情侶，由此可見，女朋友也遭到天譴了。儘管她本人狡辯說沒有，但是在我看來，她也受到跟我一樣大的懲罰。但是現在還能互相安慰說可以用衣服遮住，沒有很明顯，代表我們沒有想要戒酒的意思。是啊，在被揭發之前就盡情地遮蓋吧！我們一起喝這美味的酒，喝到天荒地老吧。就算天譴變得更大了，也不要戒酒，去運動就好啦。

你就是我我就是你

到了現在，我還是覺得我爸是個奇怪的人。雖然不想侮辱已經過世的人，但是爸爸真的是個很難理解的人。

我爸爸很討厭去外面工作。（嗯？等等，這話好像常常在哪裡聽到？）爸爸連國小都沒有順利讀完。他兩手空空地從最南邊的小村莊來到希望之地——首爾，他能找到的工作就只有花費體力的粗工，成為一名工人罷了。

雖然工人既辛苦又勞累，但是在從事這個工作的人之中，分明就有很多勤奮工作來養家活口的爸爸。然而我爸極其討厭到外面工作。他偶爾會到外面工作，但絕大部分時間都是在家裡遊手好閒。

爸爸一整天都躺在家裡看電視。他穿著褪色又泛黃、到處被菸灰戳出洞的背心汗衫，躺在睡覺的棉被上面，一動也不動。他就這樣保持我出門上學時看到的樣子，一直看著電視，然後再次入睡。

家長不去工作，家境當然會貧困。儘管如此，也不能走到一家五口都餓死的地步，於是媽媽代替爸爸到工廠工作，勉強維持生計。雖然經濟問題也是個問題，但是我認為更大的問題是家庭不和。有時候看到電視連續劇出現類似「即使貧窮也很幸福的一家人」的故事，我都覺得很像是奇幻故事，因為我所知道的現實是另一種樣貌。

爸媽常常提高嗓門吵架。用令人難以啟齒的髒話互罵，把家裡的東西通通摔破，一定要在見血之後才肯停下來。儘管每天都發動戰爭，爸爸還是堅持不出去工作，媽媽每次都挨打，也無法避免爭吵。

爸爸每天喝酒，偶爾感到委屈就大哭大喊，常常把家裡的東西摔破，動不動就毒打老婆和小孩一頓。雖然我現在非常淡定地寫下這些文字，但是對當時的我來說，所謂的家就是「地獄」。哥哥、我還有妹妹，我們就在那個地獄裡日益茁壯。既沒有死，也沒有瘋。

雖然哥哥和我的身材漸漸比爸爸高大，開始對他形成威脅，爸爸的暴力也減少了，但是他仍然沒有去外面工作的念頭。和之前用暴力來凸顯存在感的時候不同，他的存在感漸漸變低，如同透明人一樣，最後消失得無影無蹤。

我的爸爸確實不是一個好爸爸。說得直白一點，他就是個壞爸爸。而且奇怪的是，當時有很多壞爸爸。不知道是不是因為我成長的環境就是如此，我朋友的爸爸也都不是好爸爸。

所以我不想裝可憐，就只是運氣不好而已。可是只要一想到小時候，就不禁悲從中來。總之就是這樣。

當我看到這樣的爸爸，總是會想：

「絕對不要像爸爸這樣生活。」

「你長大之後變成了我……好不容易才變成了我。」

——節自小說《飛行雲‧三十》

小時候我認為如果爸爸不要懶惰，勤奮地工作，我家就不會這麼窮了。我認為我家的貧窮都是因為爸爸的懶惰。然而，我後來才知道，原來這是非常愚蠢的想法。我長大成人後才領悟到，即使爸爸是勤奮的工人，也很難擺脫貧窮。

我偶爾會思考爸爸所感受到的無力，爸爸也是從他的爸爸那裡繼承了貧窮，他一定也是想著無論如何都要好好生活。爸爸並不是一開始就討厭工作。身為一名辛苦的工人，因為身上到處受傷，薪水又少，以及周遭人們的無視，逐漸感到疲累的爸爸。沒有學過什麼東西，也不知道尋找其他工作的機會跟方法，備受挫折的爸爸。撐過沒有希望的每一天，絕望和憤怒，他不知道如何表達自己內心，能做的就只有窩在家裡喝酒、大哭大喊、毆打自己應該要最疼愛的家人們。

我現在才知道人生無法隨心所欲。

爸爸也無法隨心所欲吧，肯定很辛苦吧。我不知不覺也到了被這個世界蹂躪的年紀，似乎可以理解爸爸的心情了。雖然我可以理解爸爸，但是並沒有因此突然覺得他是一個好爸爸……

為了不要像爸爸那樣生活，我竭盡全力，繞來繞去，然後來到這個地方。說不定真的存在無法掙脫的命運或枷鎖。雖然我提出各種理由，將我現在的

老爸你這副摸樣
到底是像誰？
還會有誰，
當然是像你呀。
這個人說話有
點太狠了。

原來如此啊。

我像爸爸，爸爸像我。

懶惰正當化，但是到頭來，我還是過著跟爸爸一樣的生活，那個我不想與他相像的生活，不是嗎？

「你也是跟我一樣的傢伙呀。」

這個夜晚，爸爸的亡靈在我耳邊竊竊私語。我能順利地走下去嗎？這樣子過活也沒關係嗎？不管怎樣，這個夜晚，我好像迷了路。

孤獨的失敗家

先嘗試看看再說。失敗的時候再來後悔就好了。

——節自《孤獨的美食家[6]》

只是選個餐廳而已，內心竟然如此悲壯，我不禁噗哧一笑。《孤獨的美食家》的主角「五郎」因為工作上的需要，經常到各地出差，他認為吃東西是最幸福的事，這樣的他到了陌生地區，只憑感覺來尋訪能滿足自己的餐廳。

我們在陌生地區找餐廳時，只會利用手機搜尋美食餐廳，他的方法跟我們很不一樣，所以我很喜歡他的美食探訪。他不選擇評價好、踩雷機率低的店，而是按照自己的喜好或瞬間的吸引力來決定，這一點正是這部電視劇的魅力。

6 原為日本漫畫，久住昌之原著、谷口治郎作畫，改編電視劇於二〇一二年播映。

相信自己的感覺、喜好和眼光，有承擔失敗的覺悟。是呀，儘管只是選擇一間餐廳，也需要極大的勇氣。

「今天去梨泰院附近約會吧。等等，必須先搜尋一下梨泰院有什麼美食餐廳。」

「要看這部電影嗎？還是不要看？得先看看影評怎麼樣。」

「這家餐廳氣氛看起來很好，可是網路上找不到相關的食記，這樣就沒辦法去了。我們去附近評價好的餐廳吃吧。」

在當今的世界，只要上網搜尋就會跑出一堆食記，這樣確實是很便利。而我們對此有多依賴，就有多少失敗被減少。但是失敗減少的同時，樂趣也減少了，做出選擇的樂趣，以及未知事物所帶來的樂趣。

只看片名和海報就感到心潮澎湃，讓人不顧一切走進電影院裡觀看的那些電影。漫步於陌生的小鎮，因為對樸素端莊的招牌感到滿意，所以進門光顧的立飲居酒屋。不認識的作家和未知的內容，單純只是因為喜歡封面就把它帶回家的書。

縱使這些不是最好的選擇，但是這些特別的記憶卻可以存留很久，並使我露出微笑。這種選擇具有冒險犯難的魅力，也代表我具有對自身選擇的信任和對這個選擇負責的勇氣。雖然失敗的機率很高，但是成功時所帶來的成就感也很大。這不是其他人的東西，而是完完全全屬於我的東西。

「其他人」都喜歡的東西，我也會喜歡嗎？

很多人喜歡的東西，失敗的機率確實是比較低。該怎麼說呢？就是有中上的感覺？但是很難有正好適合我的感覺。最近我反而常常因為選了別人推薦的事物，領悟到自己的喜好跟其他人大不相同，以及人各有所好的這個事實。

即便如此，我們還是會上網搜尋，尋找正好適合我的東西並挑戰它，因為不想失敗，與其冒著危險，不如選擇不會失敗且經過認證的「中上」。這樣一來，自己的想法或感覺就漸漸變得不重要、漸漸退化了，不知不覺走到不相信自身選擇的地步。

我們現在變成了自己的感覺怎樣都不重要，別人怎麼想才重要，越來越不相信「我」的喜好或感覺，把選擇權交到「別人」手上。只是選擇一間餐廳、一部電影而已，也害怕失敗且無法提出勇氣。

如果失敗了，該怎麼辦？

你說得沒錯……很簡單呢。

這樣的人生該有多麼糟糕啊？轉身背棄「別人」宣稱安全的誘惑聲，只傾聽「我」的聲音來做出選擇，說不定這是一條「孤獨的失敗家」之路。但是走上這條路，至少不是按照別人的指示過「別人」的人生。

當所有人都朝同一個方向蜂擁而去，有勇氣選擇其他路的人，才能活出「我」的人生。失敗了也很好，失敗再來後悔就好了。反正聽取別人的話一窩蜂跑去的人，大部分也都會後悔，不是嗎？

不要害怕失敗。

成為孤獨的失敗家吧。

不從偉大的事情開始，像「五郎」一樣，從尋找餐廳開始，如何？所謂只屬於自己的喜好，或許是藉由無數的失敗而創造出來的。

我吃得夠多了[7]

某些瞬間會突然覺得自己年紀大了。最近印象最深刻的就是「成始境[8]」事件。我搭乘公車，正在回家的路上，窗外的夜景很漂亮，從司機打開的收音機裡傳來成始境的歌聲。是因為沉醉於這個氣氛的關係嗎？在毫無防備的狀態下聽到歌聲，我心裡不自覺地想著：「啊，這聲音真好聽。」啊，該來的還是來了，我竟然覺得成始境的聲音很甜美。我嗎？我是男生耶。我真的是瘋了。

聽過這麼多成始境的歌曲，我從來沒有覺得好聽過……據說上了年紀，雌激素會變多，所以這個不是我喜歡，是雌激素喜歡。那天我為了不要輸給雌激素，看了一部動作片。

我最近會透過他人的反應感覺到自己的年紀不小了。偶爾因為繪圖案件跟出版社的編輯們開會，只要聊得很愉快，一定會冒出這樣的問題。

7 在韓文中，年紀「增長」跟「吃」是同一個字（먹다）。
8 韓國知名男歌手、節目主持人，以感性的抒情曲風獲得大眾喜愛。

「那個，不好意思，請問您今年貴庚？」

儘管我不認為詢問年齡很失禮，反而認為會問也是很自然的事，但我還是稍微猶豫了一下。因為想起了已經被我遺忘的年齡。我幾歲了？什麼？已經這麼多歲了？哎呀，真是丟人。啊，我不想說。

好不容易說出令人害羞的兩位數數字，接著一定會聽到這樣的回答。

「完全看不出來耶，根本就是童顏呀。」

啊，這是安慰。出版社編輯們的心地真是善良。雖然很感謝他們，但是到底是不是童顏根本就不是重點，因為「看不出來有這麼多歲」之中的「這麼多歲」是不會改變的事實。

可是，為什麼我會覺得我的年紀很丟臉？

每個人的年紀都會變大、會變老，明知道這種事情不該是覺得丟臉或羞愧的理由，為什麼還會有這種想法呢？

大概是內心底層鋪滿了「活到這把年紀」的情緒吧。活到這把年紀，事情沒有達成，什

因為上了年紀，真是抱歉。

麼東西都沒有，不斷地重蹈年輕時的覆轍、後悔、徬徨，因此不僅無法充滿自信地說出年紀大了，而且還感到羞愧，不是嗎？雖然我說過每個人都有各自的速度，但是實際上的我竟然想著「活到這把年紀」，看來我也在不知不覺中產生了焦慮。年紀越大就越有被某人追著跑的感覺，難道只有我這樣嗎？

為了減少年齡造成的煩躁感，我決定要減齡。由於身分證上的年齡沒有辦法減少，所以我決定要自己把自己想得很年輕。因為只要想到我現在的年齡，就會離不開「就算只有一毛錢也要去賺呀！怎麼還在用這種沒用的東西？你以為你還是青少年嗎？」的想法。大人們會說：「要是我再年輕個十歲……」全都是因為這個原因。明明有想要挑戰的事情，卻因為年紀大而無法去做，這種話有多麼悲傷啊。

我主要是透過網路宣傳圖畫、寫作、接案，所以我可以躲在網路的面具之後，似乎這樣就能把年齡減少了。如果不是用來留惡意留言或詐騙，這種面具真的是非常有用的道具。

那麼，首先要來決定年齡。賺不了錢卻很有趣的工作，可以挑戰這種工作的年齡是幾歲？雖然心裡很想說二十幾歲，但是這樣好像太沒有羞恥心了，是呀，那就三十二歲好了。啊，如果真的能回到這個年紀，好像什麼事情都能做呢。為什麼當時不知道呢？不管了，總之就是這樣。

年齡決定好了。大學畢業後，過了幾年的職場生活，為了做賺不了錢卻很有趣的工作，迎接新挑戰的三十二歲男子。這就是我的形象。不是為了欺騙誰，是為了欺騙我自己。如果其他人也都相信的話，我就更能產生移情作用了。拜託了。

像這樣定好形象之後，我的內心又更加輕鬆了。是呀，我還年輕，還有很多時間。我不是才三十二歲而已嗎？失敗也沒關係。於是我鼓起勇氣，開始寫這篇小品文。也許你會問寫一篇小品文需要什麼勇氣？但是到了我這個年紀，做這種事情也需要極大的勇氣。因為必須做的理由只有一個，但是不該做的理由卻充斥整個腦袋。

我們的靈魂被關在逐漸老去的身體裡。無論我的靈魂有多自由，仍然無法在年齡增長的同時獲得完全的自由。所以，偶爾忘掉年齡是很好的，尤其是有想做的事情的時候。

上了年紀也有好處。例如，播放清單裡會增加一個藝人。我絕對不會說那是誰的歌。

成始境先生，有空一起喝杯酒吧。我想要醉倒在你的歌聲裡。

既沒計畫也沒目標

「週末打算怎麼跟女朋友度過呀？」

嗯？為什麼會好奇這種事？而且眼神看起來好像希望得到什麼特別的答案，真讓人感到負擔啊。

「吃飯、喝咖啡、聊聊天，就這樣啊。」

雖然這不是對方想聽見的答案，但是我也沒有其他可說的。其他人應該也差不多是這樣吧？偶爾會有特別的節目或活動，但是一般週末就是這樣度過。需要什麼另類的約會計畫嗎？只要愛人在身邊就足夠了，不是嗎？（笑）

我曾經在某處看過因為男朋友不安排約會行程而生氣的故事。完美的約會行程是在這裡吃午餐，然後移動到那裡做些什麼，也可以在這裡做短暫停留，稍微參觀一下，晚上再前往有名的餐廳享用晚餐。如同儀式順序固定的慶典活動。雖然這種約會規畫得井然有序又充實，但是，就算男生規畫了這種約會行程，女生似乎還是會生氣。

「你只能規畫成這樣嗎？沒有什麼特別的東西嗎？重新規畫吧！」

女生是行程的審判者及最終核准人。幸虧我的女朋友不是這種人，真是太好了。我很久以前就從這種戀愛中畢業了。

女朋友和我的約會，大部分都是無計畫約會。總之先出家門再說，接著根據當天的心情決定要去的小鎮。如果女朋友有想去的咖啡廳或餐廳，自然就是前往店家所在的小鎮。

抵達小鎮之後就先進到某家店裡吃個飯，如果肚子不餓的話，就喝杯咖啡。體力大不如前了，已經到了光是移動也很疲累的年紀，所以必須先休息、緩解疲勞才行。

像這樣坐著，邊吃東西邊聊天。一會兒說餐廳的氣氛很特別，一會兒又說小菜這麼好吃，主食肯定也是非常美味。主要都是一些沒營養的話。

如果吃飽了，疲勞也稍微緩解了，就走到外面，然後在小鎮裡散步。雖然說是散步，但其實比較接近閒晃。沒有目的地，也沒有想做的事。就只是漫無目的地到處亂走。走著走著，如果看到有興趣的店家，也會進去看看，如果發現獨特的氛圍，就會站在前面，天南地北地聊天。一下說以前住的小鎮也有這樣的氛圍，一下說這棟建築物如果漆得乾淨一點，真的會變很漂亮。也是一些沒營養的話。

如果天氣很好的話，散起步來又會更加開心。因為光是在戶外走，就能成為心情變好的理由，這種日子沒道理不去走走。

「要走走看這裡嗎？」

如果常常到小鎮散步，就能憑感覺知道該往哪裡走。比起大馬路，走進人煙稀少的小巷弄，才會有更多的樂趣。在小巷弄閒晃，有時候走著走著也會遇到死巷，那就再折返出來；有時候顧著說話，不知不覺就走了很遠，甚至走到隔壁小鎮了，沒有必要因此感到慌張，反正本來就沒有目的地。

要是隔壁小鎮有點不一樣的氛圍，那就更有趣了。幸運的話，還會發現氣氛良好的居酒屋。這裡竟然有這種居酒屋？正好腳也有點痠了，就很隨性地走了進去。店裡的氣氛、好吃的下酒菜，令人非常滿意，用手機上網一查，才發現這裡本來就是有名的美食餐廳。然後開始不斷地自吹自擂，說我們怎麼會憑感覺就找到美食餐廳等等。「服務生！」這是忍不住再多點一杯酒的夜晚。因為一些沒營養的話題跟無意義的行為，我們的今天也是自得其樂。

漫畫《散步的事》的主角，是一個喜歡悠悠哉哉地在陌生小鎮散步的人。到外面出差時，辦完正事之後，就會到附近閒晃。常常走到迷路，不知道來到了什麼地方，這時候，他就會說出這句話。

「我果然是散步的天才啊。尋找電視或雜誌上出現的地方，這種散步不是真正的散步。理想的散步應該稱為『淡定的迷路兒童』才對吧？」

——節自《散步的事》

真是個淡定的傢伙。關注於這種淡定正是這部漫畫的魅力，看著看著，我也想要迷失於道路、隨便亂走。如果是這種淡定，不管是哪一個小鎮、哪一個旅行地點，似乎都能很享受。有非常明確的目標和目的，這是屬於「成就」的範疇，而不是「有趣」的範疇。你看，朝著目標直線奔跑，拿了東西就付款結帳，不浪費時間跟金錢，男生的購物方式雖然很有效率，但是多麼的無趣啊。相反地，女生的購物方式是走來走去、到處亂逛，儘管已經忘了原本的目標，卻有如入無我之境的樂趣。

沒有目標的冤枉路充滿偶然的快樂。
這不就是使生活變豐富的樂趣嗎？

所謂的散步就是優雅地走冤枉路。

——節自《散步的事》

我認識的某個人，他將旅遊計畫制定得相當徹底，然後到了國外就按照自己的計畫進行旅遊，卻進行得不太順利，結果中途就放棄回國了。每隔十五分鐘來一班的公車，等了一個小時都沒來，不小心迷了路，亂走了老半天，好不容易才抵達餐廳，它卻倒閉了。旅途中經常會發生這種事情，但是竟然因為無法忍受這種事就跑回來，未免也太可惜了。由此可見，遇到意料之外的狀況時，能夠從容應對是多麼帥氣的一件事呀。

旅行不是為了實踐計畫而出動的任務。計畫就只是計畫，不可能完全按表操課，就算進行得不順利，也沒必要感到氣餒。雖然還是需要有計畫，但是這種義務感並不等於要被計畫束縛。

出發去旅行之前，要打包的東西不是計畫表，而是「淡定」吧？去遊玩又不是去談生意，沒有理由不淡定。約會、散步、旅行都是，可以的話，人生也是。

漫無目的，優雅地走冤枉路……

快樂不就是在這個時候找上門的嗎？

我的內在還好嗎

我喜歡把晾乾的衣服摺得整整齊齊，雖然偶爾會因為覺得麻煩，就堆在沙發上好幾天，但是大致上都是以愉悅的心情來摺衣服。我很喜歡把衣服從衣櫥裡拿出來穿，穿過洗好再把它放回去的整個過程。為了下一次可以再被拿出來穿，按照種類收納整齊，預先做好一切準備，心裡會莫名地感到很充實。準備過冬的心情也跟這類似嗎？

小時候，媽媽怕顯露出貧窮的感覺，所以總是讓我穿上乾淨的衣服。由於當時家裡沒有洗衣機，所以一定都是用手洗，媽媽從不推辭這種苦差事。但家裡的小孩又不是只有我一個，辛勞的程度實在難以言喻。

雖然這麼說有點對不起媽媽，但是老實說儘管她受了這種苦，貧窮的感覺還是很明顯。非常明顯。是因為我的衣服本身就還滿寒酸的嗎？大部分都是別人給我們的二手衣。只要尺寸符合，不管好不好看、衣況是否良好，拿來穿就對了。這些舊衣服洗得再怎麼乾淨，樣子都還是很明顯。窮酸樣。

更根本的原因是我的臉。不是有句話說時尚要靠臉完成嗎？說來奇怪，無論有多努力洗臉，看起來就是髒兮兮的。貧窮似乎是一點兒也藏不住。

如今買衣服、把衣服洗乾淨，都是我的分內工作了。我的穿著打扮完全取決於自己，我看起來是什麼模樣，都由我來決定，因此我非常注重穿著打扮。

我不跟著流行來穿衣服，我有自己的喜好。沒有印花或裝飾的簡單設計、雖然要多花錢但是比較好的材質、再過幾年也不會退流行的基本款，這些標準是經歷無數次的錯誤之後才建立出來的。成千上萬的衣服在我身上來來去去。很會穿衣服的搞笑藝人洪錄基，曾經在一段專訪裡說過這樣的話。

「跨越過好幾次約旦河，才能穿到適合自己的衣服。」

我也跨越過那條河好幾次了。曾經有一段時間，我自以為是彰顯個性，只穿顯眼的衣服。現在想想，根本就是時尚白痴，幸好沒有留下照片。如今我的時尚不再顯眼了，很平凡。儘管如此，我的自我評價是「不會顯露出貧窮的感覺」。媽媽，這一次成功了。

買衣服很重要，清洗衣服並好好整理也很重要。我總是穿著乾淨的衣服。這是跟媽媽學來的。要經常清洗衣服，而且不要推延摺衣服這件事。我常常自己對自己保證。

我在摺衣服時拿起了一條內褲，破舊不堪。大約在五年前，我一次買了好幾條內褲，這是其中一條。在那之後我就再也沒有買過任何一條內褲了。我的衣櫥裡還有一些比這條更舊的內褲，因為是每天要更換的內褲，往返於洗衣機和衣櫥的次數早已不計其數，當然會變得破舊。

雖然也可以把這當作是節儉，但是這種待遇也太不公平了。竟然對包覆我重要部位、令人感恩的內褲，如此漠不關心。和我的肌膚最貼近，總是不辭辛勞地在最前線工作的內褲，應該要再多花點心思才對呀，不該放任它破舊成這樣。明明這五年來，接連不斷買了很多外衣……我大概沒有一件外衣會穿到這麼破舊。內褲總是被外衣擠到後面，原因只有一個，因為從外表看不出來。

看來我是更注重外在價值的人。

這不是單純的內褲問題，我的整體生活是否都是這種形式呢？這輩子花費很多金錢和時間在裝扮外貌上，我擔心自己的外在看起來會是怎樣，卻不常探視內在是充實，還是空虛。如果是充實的話，又是因為什麼而充實？完全沒有關心過未來要用什麼來使它更加充實。

只讀幾本書是不能使內在變得充實的。連這樣都還不覺得惋惜嗎？還認為一件衣服比一本書更有用？必須好好反省呀，好好反省。

我不想成為只注重外表的人，想成為內在也很不錯的人，這樣才是帥氣的大人。必須常常探視內在才行。基於這樣的考量，我必須買幾套內衣褲。這不是購物，這是充實內在非常重要的第一步。真的啦。

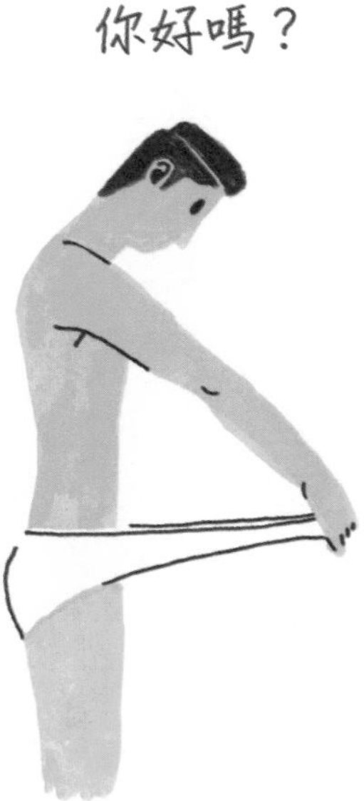

因為什麼事都沒做

從小，比起到外面玩，我更喜歡發呆。很小的時候，大部分都是幻想自己成了漫畫主角，要去擊退壞人。稍微長大一點之後，想像自己的未來，取代了原本的幻想。

想像我以後會過怎樣的生活，這本身就是一個很有趣的遊戲。例如，二十歲的時候，因為非常喜歡電影，所以想成為電影導演，常常一天到晚都在幻想我拍攝的電影故事，時間怎麼過去的都不知道。

許多想像接踵而來。我拍攝的電影同時兼具商業性跟藝術性，於是成為超級賣座的電影，當然也獲頒各大影展的獎項，因此我還必須準備得獎感言。花了好幾個小時，才將感人的得獎感言寫完。接著又對於我和飾演電影女主角的美麗女演員是如何結婚的，做了非常詳細又浪漫的想像。好甜蜜呀。

然而很哀傷的是，我沒能成為電影導演，無法和美麗女演員結婚，準備好的得獎感言也派不上任何用場。我當不成電影導演也是理所當然的，因為我不曾為了當電影導演付出任何努力。

還在甜蜜地幻想自己成為導演的時候，我就已經知道了。我的劇本雜亂無章，常常懷疑自己是否有才能，為了籌措學費，也沒辦法好好去聽課，每天都要去打工的現實，使我沒有勇氣和熱情跑向收入不穩定的電影圈。夢想？對我來說，賺取下個月的生活費才是更重要的事。我當時是這麼想的。

勇於挑戰的年輕人、做什麼都可以的年輕人，這才是所謂的年輕人，而我卻只會幻想，找各種藉口不去挑戰。不知道該怎麼做，因為被現實的重量壓垮，完全生不出挑戰的念頭。除了電影導演，還有許多想像都還來不及成為現實，就這樣和我的年輕歲月一起流走了。本來就是「因為什麼都沒做，所以什麼都不是」，為什麼會感覺心情怪怪的呢？

因為什麼都沒做，所以什麼都不是啊。
當時懵懂無知的我。
為愛失了魂的我們啊……

——節自歌曲〈Bawling〉（Primary、吳赫）

BAWLING

聽到吳赫唱的〈Bawling〉，我瞬間被喚回二十幾歲，青春的正中心。吳赫好像要放棄一切的嗓音、彷彿在哭泣的銅管樂器聲、貌似輕快又帶點悲傷的爵士鼓節奏，這首憂鬱和無力感參半的歌曲，與二十幾歲的我很相像。（很神奇的是，也跟現在的二十代很相像。）

不知道要如何過生活、未來一片黑暗、現實生活貧困的我的二十幾歲。談論夢想、愛情都像是一種奢侈，沉重的日子和不知道未來能夠做些什麼所帶來的壓迫感，以及什麼也做不成的預感，如同被濃霧籠罩的年輕歲月。因不安和徬徨，而徹夜未眠的無數個夜晚，也不知道喝了多少酒……

回過頭看，雖然以當時的年紀來說也是無可奈何，不過確實有很多煩惱都是多餘的。如果我是稍微勇敢、衝動一點的人，那些用來煩惱的時間，或許早就嘗試過很多事情了。如果是這樣的話，我是否就會成為與現在不同的人呢？雖然不是討厭我現在的樣子，但還是很好奇，與想像中不同的我的樣貌……

對於我選擇要做的事情，不管結果是好是壞，我都不曾後悔過。但是不知道為什麼，對於沒做過的事情會如此後悔。太過輕易就放棄的那些夢想，或是一句喜歡都沒有傳達出去，只能默默注視著的愛情……

啊，我應該要多闖一些禍的，就算會一敗塗地。

人生充滿後悔，或許明天又會替今天感到後悔。無論後不後悔，人生都繼續往前邁進，今天也是一樣。

是呀。啊……我們好哀傷啊。

第三部

所謂的生計是什麼？

希望這世界成為可以盡情揮灑夢想的世界，

我真心這麼希望。

最重要的是，我仍夢想著一個即使沒有特別的夢想，

也能幸福生活的世界。

我真正想做的工作是什麼

我的第一份工作是升學補習班的美術講師，這是還在讀大學的時候，為了賺取學費而開始的工作，一直做到了大學畢業。我當時非常固執地堅守「我的人生無借貸」的信念，當然也不接受就學貸款，而家裡的經濟狀況又無法支付大學學費，所以我不得不去賺錢。

幸好補習班美術講師的工作待遇還不差，託它的福，我大學四年省吃儉用，可以不做任何借貸，靠我自己的力量上學。雖然很想替自己拍拍手，但是任何事情都是有好就會有壞。因為講師的工作，使我無法照常去上學。責任感驅使我將自己負責的學生管理好，我總是把補習班的事情排在學校的課業之前。因為沒有足夠的時間做作業，只好將主修的專業科目數量最小化，並用通識課來填補學分，還經常以補習班作為缺席的藉口。

休過一次學，然後又去當兵，退伍回來後升上大三，系上已經沒有人認識我了，大家都以為我是從其他系申請來唸雙主修的學生。常常聽人家說，大學的人脈是社會生活必需的財產，我卻沒積存到這種東西。由於專業科目也只修了畢業需要的學分，所以即便是設計學系出身，也不是很懂設計。明明是為了上學而工作，卻因此無法享受真正的校園生活，這種諷刺的狀況持續了幾年之後，我發現我真的變得很討厭講師的工作。

還有另外一個討厭補習班工作的原因，就是必須要不斷地督促學生，這對我來說壓力太大。強逼學生把入學考試當作人生目標，要求他們努力不懈，我討厭這樣的自己。

「你畫這種東西是上不了大學的啦。」

「當你在睡覺的時候，還有人在畫畫。」

「你這種程度應該可以去那下面的地方大學了呢。你爸媽一定很高興吧？」

肆無忌憚地說出這些話，給孩子們帶來傷害。現在想想都覺得臉紅。我算什麼，大學算什麼。彷彿大學是人生的最終目的地一樣，拿贏家和輸家來威脅孩子們，創造出四小時內便可畫出高完成度作品的繪畫「機器」，我就是這樣的人。

所以大學一畢業我就辭掉美術補習班的工作。雖然可以繼續留在那裡工作，但是我不想。我想做其他工作，更有趣、更有意義、更能讓心臟跳動的工作。但是我不知道那到底是什麼工作。

既然上學的時候是這種情況，我當然不可能對就業或未來有所準備。二十幾歲的光陰，大部分都花費在取得畢業證書上，仔細想想，一開始就不是為了學習，而是為了大學的畢業證書。令人感到心寒的是，我就是這樣的人。

儘管如此，我的心情還是很好。我覺得可以不要做不想做的事了，因此未來看起來一片光明。過去那段時間辛苦了，所以我決定要一邊休息一邊慢慢尋找「我真正想做的工作」。人生如此短暫，必須要做真正想做的工作才行。我不想為了馬上要賺錢而隨便找個工作來做，我想要在真正想做的工作上投注熱情、碰撞、受挫、成長。我就這樣下定決心了。因為還沒從家裡獨立出來，吃住沒有問題，我認為只要省吃儉用，單憑在補習班教書存下來的錢，也能輕鬆地度過一年。但是沒想到，這竟然成為痛苦的開始。

我認為如果有一年的時間，應該不至於找不到想做的工作，然而現實卻不是如此。時間漸漸拉長為三年，而且一下子就過去了。我將這段時間稱為我人生的「空窗期」。又不是什麼明星藝人，還空窗期呢。但那也是整整三年啊。這三年期間，我一毛錢都沒賺，都在煩惱我真正想做的工作是什麼。所以我找到真正想做的工作了嗎？就結論來說，我沒找到。

雖然這三年期間我沒找到「真正想做的工作」，卻領悟到了幾件事情，例如「真正想做的工作」跟「愛情」真的非常像。

並不是說了「從現在開始要去尋找真愛」，然後去尋找就能找到。同樣地，真正想做的工作也不是說要找就能找到。

這種東西並不是「你去找」，而是要「讓它找上門來」。在工作、讀書、休閒娛樂，或者旅行、生活、活動期間，「啊，我想做這個工作。」自然而然地像命運般找上門來。尋找並不是像我這樣，什麼事都不做，只在腦中尋找。我就是這樣。

儘管如此，這三年期間我也不是什麼都沒做。我曾夢想成為小說家，因此寫了幾篇小說；感受到繪本的魅力，所以也自己製作了一本繪本。但是這些東西是否為我真正想做的工作，我對此起了疑懼之心。才這點程度，真的可以說是我真正想要做的工作嗎？不是應該要有更強烈的感覺才對嗎？我並沒有「除了這個，其他的死也不行！」的感覺。我好像也沒有與眾不同的才能。好焦慮。

這跟愛情也很相像。有些人因為一見鍾情而陷入愛河，像發了瘋似地談了一場轟轟烈烈的戀愛；也有些人談的是沒有一見鍾情，卻慢慢喜歡上某人的戀愛，而且這種愛也很平靜。我是屬於後者的那種人。我在工作中也是，等待著強烈及明確的感覺，它卻遲遲不出現。

我從來沒有一見鍾情過，也從來沒有因為戀愛感到非常心痛。這種人就好像笨蛋一樣，等待著強烈的啟示。我實在搞不懂我自己，說不定到我人生結束為止，都還遇不到強烈想要的愛情（或工作）。

我是個需要妥協的人。雖然沒有什麼強烈「想要做的工作」，但是卻有「不想要做的工作」。

如果不是很痛苦，無論是什麼事情，我都試著做做看吧。

這是我在長達三年的時光隧道盡頭所下的結論。為了得到這個簡單的結論，竟然花了這麼久的時間。有夠愚蠢的……

煩惱和擔心太多的話，也會厭倦的。這三年期間，我擔心著我的未來，除了擔心還是擔心。但是不管再怎麼煩惱和擔心，都沒有答案。想要投注熱情，必須在更遲之前找到想做的工作，可是我沒有出色的才能，只有年紀變大了，雖然對很多事情都有興趣，但是沒有特別想做的事情。這樣下去我該不會什麼事都做不成，然後就結束了吧？

我的未來一片黑暗，感覺自己就像毫無用處的存在。每次看到首爾車站的街友，我就擔心那會不會是我未來的模樣，我感到既不安又害怕。「就算少了我一個人，世界還是會照常運轉吧？」最後甚至產生這種危險的想法。

這種行為持續了三年，然後某一天忽然感到厭倦了。厭倦煩惱，也厭倦擔心，厭倦到無法再繼續煩惱、擔心了。彷彿人一生中煩惱和擔心的量都是定好的，而我在那三年期間全部都用光了，於是我變成了無憂無慮的人。哎呀，不知道啦。順其自然吧。

那個時候有一位很少聯絡的哥哥打電話給我。

「想不想去公司上班？是一家編排設計公司，事情邊做邊學就可以了。雖然錢給得不多，但是也不會太勞累。」

「好！」當時我因為很久沒去賺錢了，自尊心變得非常低落。講好聽點，就是變得謙虛。（笑）

那是一種如果有人說要給我工作，我就得說：「唉唷，您要給我這樣的傢伙工作做呀？我一定會全力以赴。跪求跪求。」並且準備好奔跑的心態嗎？這種心態對結束空窗期有很大的幫助。原本，在找到真正想做的工作之前，什麼工作都不想做，但如果真的這樣做了，那我現在應該已經餓死了吧？幸好我變謙虛了。

去公司上班後沒多久，就有一家出版社打電話過來。

「我在網路上看到您上傳的繪本，所以才打電話給您……」

於是我出了繪本，也開始了畫插圖的工作。這些事情並不是因為我很努力所以做到的，雖然我覺得很感謝，但我認為就只是運氣剛好到了而已。並不是因為我為了成為上班族或為了當插畫家而做出極大的努力，這些都是我認為要先從我做得到的糊口飯吃做起，才因此產生的工作。彷彿有人一直在觀察你，然後說：「你這傢伙，現在好像已經準備好去工作了。」接著便給你工作做的感覺。總之就是這樣。

我的空窗期就這樣結束了，然後開始上班族和兼職插畫家的生活。這兩種工作對我來說都是很好的工作，雖然不是我真正想做的工作，但是既不會很痛苦，又很有趣，而且也令我產生想要做得更好的欲望。當然也少不了錢，藉由這樣賺來的錢，讓我能獨立、買好吃的食物來吃、買衣服來穿，以及我現在正在做的實驗。謝謝。

與其因為同時做兩種工作，變得這也不是那也不是，不如專注於一種工作上，基於這樣的考量，我現在已經從公司離職了。而且雖然上班作為填飽肚子的工作來說，是很棒沒錯，但是我想要做做看更有趣的工作。是呀，老毛病又犯了。幾年來不眠不休地賺錢求溫飽，當初的謙虛已經消失，並且累積了不滿。是否又再次對想做的工作產生了欲望呢？然而，現在我不會再奢求及迷戀強烈的感覺了。我正在尋找可以使我的工作變得更有趣的方法，或許我這是在重蹈覆轍……不管了，總之就是這樣。

有些人已經找到自己想做的工作了。只要看到這些人，我就覺得很羨慕。怎麼會這麼明確地有想做的工作呢？相反地，也有些人跟我一樣，喜歡的事情很多，但是卻沒有強烈想做的工作。不知道真正想做的工作是什麼嗎？沒關係。不必硬著頭皮去找，總有一天它會找上門來。可能會因為覺得它不會找上門來，或者覺得這種機率微乎其微，所以沒有信心，那也沒關係。就算不是很厲害，但是只要做自己能力所及的工作，不是就能看見該往哪裡去了嗎？討厭這份工作也好，比較想嘗試那個工作也好，每當這種時候，只要做出選擇就行了。

既然如此，我想要談一場火熱的戀愛。但是，就算不火熱、不強烈也沒關係吧？只要按照自己的方式談戀愛（或工作）就可以了。

離職好難

要離職還是留下來，永遠都是個問題。無論是多會做選擇的人，在離職這個問題前面，還是會像哈姆雷特一樣，出現選擇障礙。雖然我看起來是一下子就離職了，但是我也在不知不覺間苦惱了很久。離職果然不容易。

這句話雖然說來可笑，但其實從入職的那一瞬間開始，離職的煩惱就已經開始了。不管是多好的公司都一樣。話說到這裡，應該將之視為人類跟公司合不來吧？儘管合不來也要到公司上班，還不都是因為那個傢伙的錢。如果有辦法不去上班也能產生跟薪水一樣多的收入，應該會毫無罣礙地，立馬遞出辭呈吧。我想自己之所以會忍耐這麼多年沒有離職，也是因為沒有對策的關係。雖然也曾苦思過對策，但是沒有對策會沒道理地突然冒出來。因此，一天到晚就只能苦惱，這樣做也不行，那樣做也不行。

有些人是這樣子的，在跟交往中的男女朋友分手之前，會先找好備胎，然後才分手。跟這邊分手之後，馬上跟那邊準備好的備胎開始交往。如果還沒找到下一個人選，就算討厭現任討厭得要死，也絕對不會分手。這不知道該說是機靈還是卑鄙……或許我們面對離職的心態，也跟這樣差不多？

如果還沒將離職之後可以安全轉搭的交通工具準備好，任何人都會猶豫是否要離職。因為收入空窗期很恐怖。但是不可能事事都提前準備好，因此大部分的離職都近似於沒有安全裝備就往下跳的一種冒險。而且，很可惜的是，我們大部分的人都不是被當作冒險家來培育的人。所以今天也遞不出辭呈，只能繼續苦惱。分手之後有可能會遇到更好的對象，也有可能會遇到更差的對象。因為這種不確定性，更加深了苦惱的程度。離職？還是不離職？

這麼困難的事情，我做了。我不太有冒險家性格，但又不是光靠苦惱就能想出對策，苦惱這麼久，也該累了吧？若不離職，苦惱就不會結束，因此我等於是為了終結苦惱而離職。當然，我沒有任何對策。

結束長期以來的煩惱並且離職的感想是？這個嘛，我不太清楚耶。好像做得很好，又好像做錯了。坦白說，我的心情是：「我為什麼要這麼辛苦？那明明是一間很好的公司呀。」我放棄薪水後，現在主要在寫的這些小品文，即使邊上班邊寫也是遊刃有餘。現在想想就是這樣，可是當時沒有想到這些，只認為自己因為公司的關係，什麼事都做不了。

我認識幾位跟我一樣邊畫圖邊寫作的作家，不是真的有私人交情，是我單方面的認識。其中有一位就是在公司上班，晚上再抽空連載圖文創作，因為反應很好，所以簽了約要出版，於是就離職了。這是我心目中的理想離職。還有另外一位作家也是一樣，一邊在公司上班，一邊連載圖文創作，而且還出了兩本書，但是出書之後，他還是跟以前一樣到公司上班。能做到這種境界真是令人尊敬。怎麼能把平衡掌握得這麼好，同時做好兩種工作呢？當然，他們有什麼隱情，我就不得而知了。

為什麼我無法做到那樣呢？我只會無病呻吟，吵著不想去上班，實際上連試都沒試。說不定待在月薪這個安全的藩籬裡面，是相對比較容易的事情。雖然身體只會變得更加疲累。

但是我決定不再自責。因為我是一個非常愛自己的人，所以我不想再使自己痛苦。我只是沒有足以讓我邊上班邊找時間寫作的熱情吧？如果真的想做，就算熬夜也會做吧。因為上班而做不了，只是個藉口罷了。就只是不想去上班而已。只知道為了沒有對策而嘆氣，根本沒想過要擬出對策。

有些人因為很清楚自己的渴望，於是能調節現況並建立對策，但是像我這種人，連自己想要什麼都不知道。因為不知道，所以也無法好好調節。

現在馬上離職好像還滿虧的。再去上班一段時間看看，你覺得如何？
其他人也都是這麼說的，我還以為哥哥會說點不一樣的話呢。
超級失望
很不像我吧？哈哈。既然這麼辛苦，那還有什麼好苦惱的？立刻離職吧，接下來會怎樣都沒關係。
是不是把別人的事情說得太容易了？有夠不負責任……
我費盡千辛萬苦才進去那裡的耶……

對……對啊。全部都是我的錯。

我是結束之後才能看到其他東西的人。

即使回到離職以前，我可能也建立不出對策。只會吵說上班很累，在那裡無病呻吟吧。我會過成這樣也是我的命。

我到現在還是不知道離職是做對還是做錯，要下結論還太早，似乎還要再多觀察才會知道。過了幾年之後，說不定會後悔，當初不應該離職的。但是還能怎麼辦呢？已經離開了，沒有回頭路了。這時候覺得年紀大了真好，因為四十歲要找到工作很不容易，既然已經做出這個選擇，就只能好好建立對策了。

有一件非常明確的事情，那就是沒有人可以上班上一輩子。所有人總有一天都要離職，我只是稍微早一點離職而已。這樣想的話，心裡會輕鬆一點。

生活的平衡

平衡，是不傾斜或不偏向某一邊的均衡狀態。我喜歡這個詞，不，是嚮往。我一直嚮往過著平衡的生活。但是要過著平衡的生活，有多麼困難啊……不僅是上班族的生活失去平衡，自由工作者的生活也經常失去平衡。

我記得以前曾經從某處聽過這樣的話。如果你有嚮往的人，就會成為跟他相反的人。因為自己不是這樣的人，所以才會嚮往。

同理可證，我嚮往過著平衡的生活，代表我並不是個平衡的人。我偏向某一邊，不懂得折衷，是個極端的人。明明可以適當地努力生活、適當地偷懶，然而我卻極端地下定決心要「不努力生活」，由此便能窺知一二。總之就是沒有中間，沒有中間啊。

長期堅持專注於一件事情，進而達到「匠人」等級的那些人，看起來很帥氣，所以我也想像他們一樣。於是我責備無法像匠人一樣專注於一件事情的我，總是為此感到很痛苦。原來容易覺得膩的我跟匠人是正好相反的人，這恰好是我就算很努力也無法成功的理由。

當我明白我是容易覺得膩的人之後，我便停止做出徒勞的努力，不再想要像匠人一樣了。因為這麼做是違反我的本性。不過，我也因為很瞭解自己的個性，所以當我覺得某件事有點膩的時候，就會對自己說：「又覺得膩了？再嘗試做看看吧。」藉此安撫自己的心。既然無法做到匠人的地步，至少要找到中庸之道吧？

雖然我不相信四柱八字學，但是有一次聽到人家說我的四柱裡有很多火。準確來說不是很多火，是只有火。因為實在太熱，所以總是會覺得很渴，然後把自己折磨得快要活不下去。這些話很奇妙地形成了安慰。啊，原來我的心這麼偏激啊。原來我會這麼痛苦，可能是因為這個原因啊。神奇的是，聽了這些話之後，我的痛苦就減少了。

明白自己的偏斜之處，就是保持平衡的第一步。

至今為止我都咬緊牙關、努力地生活，這果然也是偏斜的生活。然而現在則是偏斜向另一邊，我正在實驗不努力的生活。雖然是往返於左右兩個極端且不平衡的生活，但是等體驗過兩種極端之後，說不定就會變得平衡了？如同搖晃之後站得直挺挺的不倒翁。

所以說有計畫地過生活，打從一開始就是個錯誤。自由工作者的生活就是衝浪。

不規則的生活、不穩定的收入、不知道什麼時候會來的工作，建立計畫是沒有意義的事情。用身體承受不知道何時會改變的波浪，
以及保持平衡的柔軟度，
反而才是更重要的東西！

你不是不會衝浪嗎？
啊！

如果是這樣的話，這個不平衡就是正確的。如果想在之前極度偏斜的生活中保持平衡，就必須要有這種程度的反作用力，才會變得均衡。（笑）我正在尋找平衡。

我們的生活就像時時刻刻都在變化的波浪。如果想在波浪上保持平衡、不跌倒的話，就不能直挺挺地站著，必須要變得柔軟。也就是說，必須要有放鬆力道、朝各個方向搖擺的覺悟。配合波浪，不停地將重心從這邊移到那邊，再從那邊移到這邊，這樣才不會跌倒。從遠處看著這樣的動作，也許看起來搖來晃去，一副岌岌可危的樣子，但是仔細一看，會發現這是在保持平衡。因此，儘管我現在的生活看起來很不安，卻也沒什麼好擔心的。這並不是在搖晃，而是在衝浪。

但是，等一下，現在可以慢慢地停下來了……似乎有點頭暈了。波浪怎麼會永無止境地來呀？唉唷，煩死了！

嘴上說有夢想卻還在原地坐著

聽聽成功的演藝人員的故事，會發現有一個共通點。那就是他們的父母都強烈反對自己的小孩成為演藝人員。這種故事實在是太多了，根本不需要特別說誰的父母就是這樣。那些才華洋溢、讓人不禁思考「如果他沒有成為歌手的話，該怎麼辦」的歌手，據說他們的父母也都反對過，像是為了要不要剔除戶籍而鬧得不可開交之類的。

看到孩子因為作為演藝人員而獲得成功，我很好奇那些父母現在會怎麼想。大概會有這種想法吧？

「呼，幸好當時我家孩子沒有聽我的話。」

這種故事並不侷限於演藝人員。在韓國，想要實現夢想，必須要先具備勇氣和反抗心，最先就是從違抗父母的話開始。除非成為不肖子，否則自己的夢想連嘗試都嘗試不了。若想實現夢想就一定會得到這樣的苛責。

「不要做這些沒用的事，快去讀書！」

除了讀書，其他事情都是沒用的。在這種氛圍之下，孩子們還敢有夢想嗎？連尋找自己夢想的機會都被剝奪，只能埋頭讀書的學生們，還有只提示讀書這一條路的大人們。讀書是好事，問題是韓國的教育體制，是只為了考上好大學而進行的教育。

為什麼一定要考上好大學？因為這樣才能找到好工作。當然，最近單憑好大學也已經不夠用了。還必須累積成績以外的各種資歷。只顧著讀書，人生不知不覺就結束了。小學、國中、高中十二年，大學四年，還有其他標準範圍以外的東西。二十年間讀的書及累積的資歷，只是為了進公司，在公司外並沒有什麼用。我們被徹底地教育成「公司人」，因此，無論如何都要進公司才行。

但是，這是怎麼回事？竟然沒有可以就業的地方。好不容易得到工作的人，也在哭訴因就業不穩定和工作量過多而產生的痛苦。真的是為了這樣才要讀書的嗎？父母所說的幸福就是這樣嗎？

青年失業的問題一變嚴重，大家就開始到處追究責任。眾所周知的，這並不是某一個人的責任，這是政府、教育、企業、父母、社會共同的責任。當事人個人也有責任，太聽大人的話的罪、無法提出勇氣反抗的罪、將自己的人生託付給別人的罪。

時代已經變了，教育卻跟不上改變的腳步，仍在強求老舊的價值觀。也就是不教導「夢想」，而是教導「成功」的教育。但是最近卻突然改變態度，叫年輕人去實現夢想，叫他們盡情地揮灑夢想，叫他們不要好像只有一條路似的，埋頭於大企業和公務員考試，要朝自己的夢想前進。雖然話說得沒錯，但是聽起來卻很空泛，這是因為韓國社會是難以實現夢想的「正解社會」。

韓國社會已經決定好正確答案了。如果不往那條路走，就會被指指點點。

當初讓你無法作夢的人，還有一旦開始作夢，稍微走向不同的道路，就會全力阻攔你的人，通通都是大人。整個社會的氛圍都是這樣。在這種氛圍之下，竟然還叫我作夢？以前叫我不要作夢，事到如今才來問我為什麼沒有夢想？

正因如此，才會小心翼翼地要求我們要有夢想。因為他們知道在韓國有夢想會是怎樣的一件事……讓人擔心的是，叫年輕人擁有夢想，會不會是強求名為「挑戰精神」的另一個展開你的夢想，盡情翱翔吧。

「資歷」呢？所以，不能隨便說出這句話。

希望這世界能成為可以盡情揮灑夢想的世界，我真心這麼希望。最重要的是，我仍夢想著一個即使沒有特別的夢想，也能幸福生活的世界。

工作是什麼

只要我說我的職業是插畫家，大部分人的反應看起來都是：「做喜歡做的事，真好。」嗯？不聽聽我的意見嗎？就像不是所有的上班族都喜歡自己的職務一樣，並不是所有的插畫家都喜歡畫畫。

雖然有人是因為喜歡才會選擇現在的工作（職業），但是有更多人是因為其他原因而選擇的，不管是因為收入好，還是因為很穩定。大部分的人都是不知不覺就做起了現在的工作。我也是這樣，並不是因為想著一定要成為插畫家才做，而是不知不覺中就變成要仰賴畫畫的工作來維持生計。雖然也不是非常討厭畫畫，但也沒有到非常喜歡，它就只是「工作」而已。所謂的工作本來就是這樣。

我確實也有過喜歡畫畫的時期，當畫畫還不是「工作」的時候。雖然當時很喜歡畫畫，但是卻沒有以畫畫來維持生計的想法。然而，現在畫畫成為「工作」了，我卻不再像以前那樣喜歡畫畫了。有點哀傷。

所以，有人勸告說不要把真正喜歡的事情變成工作；又有人說必須要把真正喜歡的事情變成工作。不知道到底該怎麼辦才好。選擇是每個人各自的本分，也許不論做出哪種選擇，都會感到後悔吧。因為人類就是這麼貪心的動物。

或許是我們對工作寄予太多的期望，基本要可以維持生計，如果能賺很多錢就更好了，同時也想要實現自我，要既有趣又不辛苦，還要保障休閒的時間，甚至還要受人尊敬……不管怎麼說，要這種工作也太強人所難了吧？老實說，只要有滿足其中一兩項，就已經算是很不錯的工作了。事實上，只要能維持生計，就已經謝天謝地了。在「生計主義」面前，不知為何，總覺得有趣、實現自我都像是一種奢侈。如果能拋下一些欲望，是否就會對現在的工作感到滿足呢？

啊，長久以來一直在苦惱「我真正想做的工作」是什麼，但是始終沒有找到，如今好像知道原因了。自己問自己一次看看吧。

你真的想要工作嗎？

想要簡單地過生活，那維持生計有什麼好複雜的呢？雖然現在這種可以自行選擇維生方式的社會也很好，但是我卻突然地懷念起「狩獵」和「採集」的那個時期了。

至少哥哥你是一邊畫著喜歡的畫一邊生活啊。
誰說的？
誰說我喜歡畫畫？

不想賺錢

電影《非關男孩》的主角威爾，是一輩子都沒有做過工作的男人。因為他的爸爸留下了一首自創的熱門聖誕頌歌後去世了，光憑版權費，他不工作也能過上富足的生活。追求速食愛情的威爾，每當把妹的時候，總會被問到一個難題。這個問題就是：「你從事什麼工作啊？」他猶豫了一下，然後回答沒有在工作。

「那之前從事什麼工作呢？」

「之前也沒做過工作。」

聽到他的回答，女人就對他失去興趣並離開座位。在這之前氣氛明明就很好，真可惜。我們看待沒有工作的人的眼光就是這樣，他們具有不像話、不正派、懶散、卑劣、無能的形象，沒有工作的人看起來就沒有價值。由於一個人會根據他做的工作而看起來有所不同，因此，要說工作（職業）超越單純的賺錢手段，可用來代表一個人也不為過。儘管如此，我看著這部電影的主角，內心還是無比羨慕。啊，竟然可以不用工作。他所擁有的非勞動收入，

實在是令人羨慕到不行。要是我也能這樣過活的話……什麼，只有我有這種想法嗎？只有我這麼垃圾嗎？（笑）

非勞動收入，就如同字面上的意思，是指不勞動就能獲得的收入。韓國社會則是處於一種將非勞動收入視為壞事的氛圍。

「人要工作才能賺錢呀。」

「沒流汗的人沒資格吃飯。」

透過勞動獲得的收入才有價值，否定藉由其他方式獲得的收入，也就是認為勞動很神聖。但是，果真是如此嗎？

我不曾有過非勞動收入。我是如果不勞動就什麼都沒有、只有透過勞動才能獲得收入的典型「勞動階級」。與勞動階級相反、不用靠勞動過活的是「資產階級」。親自實踐勞動的神聖，靜靜地守護著並吃好穿好的人，不是勞動階級，而是不用工作的資產階級。如果勞動真的是這麼有價值且神聖的事情，為什麼資本家不工作呢？怎麼可以過得比我們更好、更有力量，而且還怠慢我們呢？

我沒有要貶低勞動者的價值。只是如果勞動真的既有價值又神聖的話，這價錢不是應該要好好換算嗎？工作到精神、肉體都消磨殆盡，若是看見我們收到的金錢數目，真的會嘆氣。這就是神聖的勞動價值嗎？更令人崩潰的事實是，訂定勞動價值的人、付錢給我們的人，就是不用工作的資本家。他們不認為勞動有價值，我們拼命工作得到的錢，便能證明這個事實。現實就是如此，不禁讓人懷疑，讚揚勞動很神聖、有價值，是不是資產階級為了能更廉價地使喚勞動階級所進行的洗腦教育呢？不然就是勞動階級為了自我安慰所說的話？哎呀，我現在在說什麼呀……我沒有要挑起階級鬥爭或褻瀆神聖的勞動價值，就只是因為賺錢太辛苦，所以試著編一個故事罷了。韓國社會是平等的社會，沒有身分或階級之類的東西，大家都知道吧？

為了維持生活而需要錢，所以我們才要賺錢。但是為什麼賺錢這麼辛苦呢？即使一天大部分的時間都待在工作的地方，也才勉強達到可以過活的程度。工作到沒時間陪伴心愛的人，也沒時間投入在自己喜歡的事情之中，甚至也沒時間為了再次工作進行充電。不，必須這麼做才會給你錢。我到底是為了生活而工作，還是為了工作而生活？這麼一來，工作賺錢感覺就像刑罰一樣。被烙上勞動的烙印並且永無止境地推石頭上山的薛西佛斯（Sisyphus）。難道真的沒有結束這個刑罰的辦法嗎？這正是我們渴望非勞動收入的原因。

事實上也沒必要到非勞動收入。只要達到工作與生活的平衡（工活平衡，work and life balance），似乎就能用愉悅的心情去做現在的工作。問題是這個平衡並不是單憑個人意志就能做到的。首先，社會必須要有所改變才有可能平衡。但是，比起使社會成為能夠工活平衡的社會，我覺得創造非勞動所得好像更實際，這是心理作用嗎？

長久以來都把「不想工作」掛在嘴邊，我以為我就是個討厭工作的人，但是並不是這樣。我是因為錢才會討厭工作。坦白說，我不想要過什麼事都不做的生活。萬一變成不賺錢也沒關係的情況，我還是想要工作。如果沒有金錢負擔的話，不是就能舒適自在地繼續做我現在的工作嗎？適當地工作，適當地玩樂。

我現在才明白。我不是不想工作，是不想賺錢。

所以我需要非勞動收入，因為我不想因為錢而討厭現在的工作。啊，真的很不想賺錢。

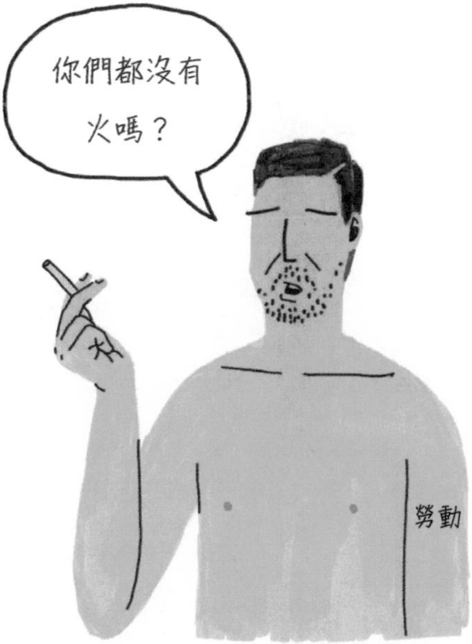

我想要的是「非勞動收入」，
但是卻沒有火……
我的收入是「低收入」[9]。

9 韓文的「火」與「非」為同一個字「불」，而「勞」跟英文的「low」在韓文中也是同一個字「로」，所以把非勞動收入的非字去掉之後就變成了低收入。

以後要靠什麼維持生計

「我們也去國外開餐廳好嗎？到夏威夷賣海苔飯捲，不覺得會紅嗎？」

這種話肯定不是只有我聽過。最近經常聽到身邊有人說這種話，全都是因為《尹食堂[10]》的關係。這種程度似乎已經超越有趣，而是在韓國人民心中點火的程度了吧？《尹食堂》為韓國人帶來了新的夢想，也就是離開競爭激烈的韓國，到悠閒的國外去創業的夢想，帶著如何過上幸福生活的煩惱一起去。

其實從很久以前開始，想要開設自己的店就是全民的渴望了。當時我還在公司上班的時候，公司的男同事只要聚在一起，就會開啟煩惱未來要做什麼來維持生計的話題，而這個話題的重心永遠都是自己創業。

最近的咖啡廳實在是太多了。聽說開撞球場也很不錯。到濟州島開民宿，如何？聽說最近很流行熱狗。唉唷，加盟店都只有本店賺錢，感覺不怎麼樣。可是加盟店至少比較安全吧？常常像這樣提出各自想到的項目和資訊，然後按著計算機，慎重地分析及試算可行性。雖然最後的結論都是沒有開店的本錢……

不僅如此，更誇張的是所有我認識的女人，她們的夢想都是開咖啡廳，當我聽到這種話的時候，我真的覺得很震驚。奇怪了，韓國即將發生什麼事嗎？這種程度應該可以稱為「經商的民族」了吧？經商的DNA是從什麼時候開始深植於韓國人身上呢？

沒有想要自己開店的我，每次聽到身邊有人說出這種渴望的時候，我就忙著潑冷水。做生意不是那麼簡單的事啦。聽說十個當中有九個是一年內就倒閉了耶？聽說因為工作和日常生活無法分離，內心都沒辦法好好休息，也因為擔心營收，連覺都睡不好。遇到幾個奧客之後，可能就會後悔，反問自己：「我是為了這樣才開始做生意的嗎？」諸如此類的，企圖用這些不中聽的話來削弱他們的意志。我一直以來都像這樣提出反對意見，但是從某一瞬間起，突然覺得我不應該再說這種負面的話了。因為我領悟到他們渴望擁有「自己的店」，是對現狀感到不滿，以及對未來感到不安的嘆息，只是個煩惱罷了，做生意並不真的是他們一輩子的夢想或渴望。

---

10 韓國tvN電視臺的實境真人秀節目，內容是演員尹汝貞帶領三位藝人，在印尼峇里島共同營運一家韓式餐廳的過程。

有正當工作的人而且有在上班的人，會說想要自己開店，含有現在的工作很辛苦的意思，以及不知道這個工作能做到何時的不安感。

只要有過職場生活的人就會知道，為五斗米折腰是很不容易的事。只能用一個詞來形容，就是「羞恥」。除了這樣賺錢之外，真的沒別的辦法了嗎？沒有稍微能維護自尊和格調的賺錢方法嗎？如果已經煩惱到這種地步的話，不管是好不容易才進入的職場還是累積已久的經歷，全部都拋棄掉，這種做「自己的事業」才能讓心情舒坦的想法，也不是沒有道理。

增長的壽命又該怎麼辦呢？哎呀，所謂的百歲時代。沒多久就要退休了，但是光靠退休金和年金來過活的話，老年生活又顯得太長了。現在也不是可以期待子女的時代。必須要趁年輕的時候多賺點錢來放，或者老了之後也要繼續去賺錢，因為這些理由，不得不持續煩惱其他可行的謀生方法。因此，只要一有時間，就會思索要做什麼來維持生計。

一輩子的工作、一輩子的職場已經消失的時代來臨了。只憑一種工作很難活過這麼長的時間，這是不得不提前煩惱新工作的時代。難道是因為這樣嗎？最近似乎從小孩到大人，全韓國的人民都在探索前途。但是神奇的是，所有的煩惱都像沙漏一樣，收束為「做生意」這一個答案。大概是因為除了做生意以外，也想不到其他應對方案。就算只有我也好，如果現

我現在才明白，
我目前為止的人生，
都是為了炸炸雞而進行的
漫長旅程！
光著身體只穿圍裙！
那是我的新婚願望耶。
不可以玷汙它！
所有人退休後都可以開炸雞店
得道 餐廳

在不做這個的話，也想不到要做什麼了。

聽說韓國的餐廳數量遠比美國的餐廳數量多。韓國社會是退休之後除了自行創業之外，沒有其他應對方案的社會。我們曾被驅趕到所謂的大學入學考試和就業那一條路上，或許現在又再次被驅趕到所謂的自行創業這一條路。大事不妙。在不可能全國國民都去做生意的情況下，我們需要對策。或許《尹食堂》是預先幫全國的自行創業者做好準備，開展更寬廣的市場，這難道不是節目製作人羅暎錫所畫的大藍圖嗎？因為實在太沉悶了，所以我試著開了一個玩笑。

為什麼韓國人總好像正確答案只有一條路似的，紛紛趨之若鶩呢？

因為過於集團性地認為這是個人的問題，所有退休的中年人都要去開炸雞店，這個曾經流行一時的玩笑話，並非只是隨便說說的。韓國社會是缺乏多樣性的正解社會。

如果真到了百歲時代，退休之後就還有將近三十到四十年的時間。雖然體力確實是不如年輕的時候，但是要學習新的事物並熟練到成為匠人的程度，這時間還算綽綽有餘吧？可以學習攝影，成為攝影師；可以研究平時愛喝的紅酒，成為品酒師；可以寫小說，成為小說家，不是嗎？為什麼除了和創業有關的煩惱之外，都聽不到這種煩惱呢？

都已經老了要怎麼做這種事？這在韓國行得通嗎？如果會想這麼問，就表示我們已經完全適應正解社會了。對這樣的我們來說，就只剩下尋找第二、第三的「炸雞店」而已了。像這樣趨之若鶩，商品的魅力很快就會消磨殆盡，最後因為過度的競爭而全軍覆沒。這種事已經見多了。

我並不是要批評做生意。這是個錢賺得越多就過得越舒適的世界，怎麼能阻止人家往賺錢的工作聚集呢？我只不過是希望社會能成為擁有更多元的生活及謀生方式的社會，往錢賺得不多也能過得很幸福、不會被無視、不會覺得悲慘的世界邁進，夢想著不是「地獄朝鮮」的韓國。因此，《尹食堂》是個幻想。在韓國，這是不可能實現的浪漫，也是有錢有閒才能做的謀生方法。

繪本《活了一百萬次的貓》的作者佐野洋子，當她被告知罹患癌症，而且餘生有限的時候，她想到的是：「啊，現在可以不用賺錢了啊。」同時感覺到安心。雖然謀生方法很多元，但多元歸多元，或許謀生本身就是令人厭倦的事情。

話說回來，我以後要靠什麼維持生計呢？啊，真令人厭煩。

嘗試的權利

不久之前，有個很要好的弟弟打電話來，跟專門畫商業性圖畫的我不同，他從事的是單純的繪畫工作，多年來同時進行美術教學課程和自己的繪畫工作，但是常常覺得畫畫的時間不夠多。儘管如此，他還是不能辭掉講課的工作，因為光憑繪畫的工作，不可能馬上生得出錢來。

很想畫畫卻又需要錢。因此，他選擇時間比一般正職還要彈性的兼職講課工作，但似乎就連這樣做也是不太容易。有一天，他媽媽輕聲地呼喚他並說了一些話，談話的內容主要是說趁頭腦還堪用的時候，準備考考看公務員，問他覺得怎麼樣。在媽媽的眼裡，他的生活看起來是有多麼地不穩定啊？

每當他畫畫的時候，就會突然覺得這樣實在太幸福了，然後他會放下畫筆，並輕輕地閉上眼睛。知道他的情況後，我的心重重地沉了下去。我又何嘗不懂一個擔心兒子未來的母親的心情，但是她竟然叫一個想以畫畫為業的人去當公務員。

要不是鬱悶到極致，又怎麼會打電話給我呢？但是，我能給出什麼好答案呢？我自己都自顧不暇了，我沒辦法痛快地說出：「按照你媽的話去做吧。」或是：「去追尋你的夢想吧。」我能說的也只有：「至少不要做出會責怪別人的選擇。」

即使按照媽媽的話準備公務員考試，也不是立刻就考上，也有可能過了好幾年的考生生活，最終還是放棄了。若是這樣，這又該怪罪誰呢？萬一真的運氣很好，考上了，成為公務員之後，想當畫家的他難道就不會埋怨他媽媽嗎？說不定他會過著後悔的日子，每天都在想如果當時繼續畫畫的話會是怎麼樣。

跟隨自己的心意，至少不會責怪別人。

成功也好、失敗也好，都是我的責任。如此一來，人生就不會這麼委屈了。這是我的人生，本來就應該這麼做，不是嗎？

「這全都是因為媽媽啦！」

反正向別人追究責任本來就沒有用。這是我的人生，而且過去的時間也沒辦法倒轉。我沒說過嗎？如果想要追尋夢想，就要有成為不肖子的覺悟。

幾天之後，他又打電話來了，似乎已經下定決心了。他說他順利地說服爸媽，爭取到一年的時間了。他沒有照我的話做，看來他心裡早就已經有答案了。或許他只是想讓自己的決定獲得肯定而已。話說回來，一年之後，又該怎麼辦呢？

所有因嘗試而產生的事情都是在考驗你。
考驗你有多想要那個東西，
即使被拒絕也要做那份工作。

——節自電影《打雜詩人》

有夢想分明是令人內心激動的事情，但是前往夢想的路也是一條殘酷的痛苦之路。雖然我很想說只要忍受所有痛苦走到底，就能實現夢想，但事實卻不是如此。有些人可以實現夢想，有些人無法實現夢想。而且，現實多為後者的情況。由於可能性低，又是條痛苦的路，所以想告訴你乾脆不要有夢想了。啊，原來這就是父母反對的理由啊。怕子女太過辛苦，怕他們因為無法實現夢想而太過傷心。

雖然很感謝父母的心意，但是我們只能走上這條痛苦之路。就算辛苦也好、搞砸也好，這都是我的人生。

照這麼看來，擁有夢想就跟單戀一樣。我們並不是考慮了和那個人成為戀人的可能性之後才喜歡那個人的，就只是喜歡上了，因為無法阻止喜歡的心情，所以成了單戀。雖然不知道會被接受還是被拒絕，我們仍然要作夢。

如果當初沒有出現夢想，也許會更好。但是已經有了夢想，還能怎麼辦？我不認為有夢想就一定要去追夢，因為我非常清楚那意味著怎樣的

連試都沒試就放棄，
這種行為就像白痴一樣！

痛苦，並非所有人都能、都必須承受那個痛苦。但是我想勸你去嘗試一次看看，沒試過就放棄，似乎會留存在心裡很久。我們有嘗試的權利。儘管那是無法實現的愛情，但並非只有實現的愛情才是有意義的愛情。

其實是買不起

我還在公司上班的時候，真的很常在網路上買東西。不管是在公司、地鐵上，還是在家裡，只要一有時間我就會網購。那裡不受空間的限制。我一下在東一下在西，在各個購物中心之間暢行無阻。啊，沒看過這麼漂亮的鞋子。哎呀，這不就是我正在尋找的那款包包嗎？這個非買不可！

即使我每天都在逛，想買的東西還是這麼多，我如同被餓死鬼附身的人，不停地把物品裝進購物車裡。沒有馬上買，只是先放進購物車，這開啟了我明智的消費生活。因為花時間考慮之後再買也不遲。

其實把物品裝進購物車的理由，哪是因為什麼明智的消費，說穿了就是錢不夠。房租、管理費、儲蓄金、通信費、交通費、伙食費等等，從薪水裡扣除當月的必要費用之後，剩餘的錢往往都不夠拿來購物。然而，想買的東西還是多到爆表，只好都先裝進購物車裡了。

像這樣放進購物車裡，就會覺得很安心。即使現在不能馬上買，但是只要之後有錢就可以買了。雖然這是因為永遠不會產生這些錢所施的詭計，卻可以稍微平息一下沸騰的物慾。東西裝在裡面，有些看久了就會失去興趣，同時也產生了「不是買不起，而是謹慎地決定是否購買」的錯覺，甚至還因此感到非常自豪。如果沒有購物車的話，我可能就破產了。購物車，謝謝你。

把東西裝進購物車不用花錢，所以不會有什麼問題。問題是，這麼認真地尋找這些不會買的東西，將它們放進購物車裡，然後一再地苦惱，並且隨時進行確認，為此花費的時間和精力實在是太龐大了。要是把這些時間和精力拿來畫畫，說不定現在我早就成為世界級的畫家了……

儘管如此，我還是天天網購（更準確地說，是只看不買）。偶爾看到購物車裡累積了數量驚人的物品，彷彿與我那赤裸裸的貪念正面相對，我會因此起雞皮疙瘩。我自認是沒有欲望的人，但是看看購物車，就等於看到了欲望本身。

其中有一些商品賣完後，畫面上會顯示「已售完」，神奇的是，曾經這麼想要擁有的東西，竟然可以在它賣完的瞬間就立刻放棄它。由此可見，購物車裡裝的東西，都不是真正需要的東西。反正這是買不起的東西，結束。一點都不覺得可惜，反而還很感謝已售完的提示。奇怪，這種輕鬆的感覺是什麼？難道我在等待這一瞬間的到來嗎？為什麼電影裡的反派

購物車

不顧一切 一裝再裝
竟然已經 滿成這樣
無法親自 清空車子
請告訴我 它已售完

角色即將死在主角手裡的時候，不說這種話呢？

「嗯……我一直在等這一瞬間。可以使我的狂氣停下來的人，我已經等好久了。現在終於可以稍微休息一下了。」

難道我也是被我自己阻止不了的巨大欲望給擺布，所以等待著可以幫助我停止這一切的東西嗎？雞皮疙瘩掉滿地。啊，我怎麼會成為這種恐怖欲望的奴隸呢？我真的沒有辦法自己將購物車清空嗎？

原本以為我永遠都要作為欲望的奴隸來過活，沒想到事情很輕易地就解決了。解決辦法就是離職。我從公司離職以後，就一反常態，對網購變得很冷淡。雖然現在還是會網購，可是並沒有熱情到會把東西裝進購物車裡。因為除了網購之外，其他有樂趣的事情變多了嗎？還是，公司是使我發狂的原因？總而言之，我可以下的結論是，離職就是使我停止發狂的東西。

雖然我認為並不完全是因為離職，但是它的確扮演了重大的角色。就像哪裡不舒服去看醫生，醫生們的口頭禪總是：「因為壓力啦。」不是嗎？如同壓力是萬病的根源，公司就是壓力的來源，所以這具有充分的說服力。

是的，我曾經生病過。

想買的東西很多，這並非只是欲望很多，而是靈魂某處生病的信號吧？如果真是這樣，

那我現在已經痊癒了嗎？

沒有負債的生活

「不覺得付房租的錢很可惜嗎？還不如貸款買房子呢。付房租就只是把錢丟了，但是如果貸款買房，貸款還完之後，房子就是自己的啦。」

啊，又聽到了。這種話已經不止聽到一兩次了。大概只要是疼惜我的人都會對我說一次吧。雖然我的經濟狀況從表面上看起來是有點令人擔憂，但是不管再怎麼說也不該勸我負債吧？又不會替我還錢……我討厭負債。

房租錢很可惜？這確實是一筆不小的錢。可以的話，我也不想付。但是這有可能嗎？去旅行住宿，可以不付一晚數十萬韓元的住宿費嗎？若是借了房子，當然就要付房租啊。天下沒有白吃的午餐。既然話已經說到這裡，就順便再說一句，難道銀行會免費借錢給你嗎？利息呀，不是要收利息嗎？利息錢就不可惜嗎？

「那是你不懂才會這樣想。確實是每個月都要繳利息，但還是比房租便宜呀。這就叫做節流。而且如果房價漲了，從中獲得的利益拿來付利息都還有剩呢。借貸本金？這你大可放心。只要房價漲了，一切都能解決。」

是嗎？聽起來好像很有利。有些人，不對，肯定有很多人會用這個方法來累積財富。若是知道了還不加以利用，那就是笨蛋了吧？雖然很悲傷，但是這個世界已經成為不負債就是笨蛋的世界了。

但是如果真是這麼簡單確實，為什麼會產生「房奴（House poor）」這個詞？怎麼會有這麼多的房子被拿去拍賣？還有，美國的次貸危機又算什麼？這不是太不像話了嗎？「啊，那個呀？雖然確實也會發生這種事，但是你不會有事的啦。所以你就接受貸款吧。」是嗎？這不管怎麼看都像是新型的借貸廣告。竟然還利用我認識的人來推銷，真是有夠惡質。

有信用卡公司打電話給我，對方說我所有的資格條件都符合，問我為什麼不辦卡，說要替我辦一張。我說我只用Visa金融卡，所以不需要信用卡，結果就被當成奇怪的人了。他問我為什麼不要擁有這些好處，甚至還說我不夠明智。啊，我又被當成笨蛋了。明智就算了吧，我要掛電話了。

我活到這把年紀，從來沒有辦過、用過信用卡。與其說有什麼特別的理由，不如說是我不喜歡這種方式，信用卡就是先讓你負債。即使帳戶裡沒錢，只要有信用卡，就可以花錢。接著一個月後，再把我花的錢還給信用卡公司。我很不喜歡這種方式。雖然因為時間很短，所以沒有意識到，但是這就是借貸。提前花用未來的我所賺取的錢。說來說去，我就是討厭借貸。

任誰看了都會以為我曾經借過很多錢。借了高利貸，然後變賣一個內臟，還在捕蝦船上過著被奴役的生活。幸好不曾有過這種事。我也不知道為什麼我會這樣，就只是討厭負債這件事。

我一下子就看出來了，
你是個值得信賴的人。
我不是那種會隨便對人
這麼說的人……。

金美英組長[11]，
我不需要借貸。

既然現在沒有支付的能力，就沒道理要從某人或從未來的我那裡借錢，所以我什麼都不想擁有。

「沒有就以沒有的方式過活吧。」這是我的信條。難道符合自己當下經濟能力的消費方式，是這麼愚笨的想法嗎？

有人諷刺我，說我這樣的想法是「平民思維」，一輩子都是以這副模樣、這副慘狀來過活。對，我是平民，我以平民的身分出生，以後也會是平民。我不想藉由借貸來擺脫平民生活。藉由借貸可以獲得更好的生活，這不是身分升等，而是自欺欺人吧？

房價很貴。（不用擔心。只要有房屋抵押貸款，就可以買房了。）

大學的學費好貴喔。（不用擔心。學生也能輕鬆辦理就學貸款。）

物價實在太高了。（不用擔心。只要信用評等良好，就能取得信用貸款。）

---

11 金美英組長為韓國簡訊詐騙的始祖，後來常被借稱為詐騙電話、詐騙集團。

我想要的不是這種對策。我想要的不是借錢，而是可以治本的對策，這件事有這麼困難嗎？彷彿整個社會都在勸人借貸。一天內就會有好幾則借貸的廣告簡訊和來電，打開電視，還會看到私人借貸公司的廣告，以我們可靠的朋友自居。不管我再怎麼討厭借貸、再怎麼死撐，感覺這個世界最終還是走向不得不借貸的世界。

為什麼會發生這種事呢？

我透過EBS[12]製作的紀錄片《資本主義》，得知了資本主義創造金錢的過程，這是相當具有衝擊性，但也頗具趣味的事實。

我以為錢都是由韓國造幣公社[13]印製的。但是，那只是極小的一部分，大部分的錢都是由銀行創造的。例如，我在銀行存了一百韓元。銀行就會在我的存摺上印記一百韓元。如果有需要的話，隨時都可以去提領。好，現在銀行將一百韓元的百分之十，也就是十韓元，存放到銀行的金庫裡，然後把剩下的九十韓元借給A。接著也在A的存摺上印記九十韓元。如果有需要的話，A也是隨時都可以去提領。你發現奇怪的地方了嗎？

銀行實際上的存款明明只有一百韓元，而我存摺上的一百韓元和A存摺上的九十韓元加起來卻有一百九十韓元。銀行創造了九十韓元。銀行可以這麼做的原因就是因為「存款準備金」制度。銀行只要將存款金額的百分之十（韓國為三．五％左右）作為存款準備金，剩下的錢通通都可以拿去做借貸。因為所有存款人都在同一天、同一時間把全部的錢領出來，這種情況並不常見，所以就算只留百分之十的錢，也能應付周轉，才會產生這樣的伎倆。

好，現在要舉更令人震驚的例子了。中央銀行將一百億韓元貸給A銀行。A銀行將一百億韓元中的百分之十留下來當存款準備金，然後再把九十億韓元貸給B銀行。B銀行將九十億韓元中的百分之十留下來，然後再把八十一億韓元貸給C銀行。C銀行將八十一億韓元中的百分之十留下來……以此類推。利用這種方式，一直貸到不能再貸為止，當初的一百億韓元已經增加到一千億韓元了。我的天呀。實際的錢只有一百億韓元，但是市場中卻有一千億韓元在流通。如果貨幣量像這樣增加的話，錢的價值就會變低。以長期的觀點來看，這也是物價會持續上漲的原因。

銀行透過借貸創造錢。銀行並不是單純為了得到那一點利息而貸款給大家，創造錢才是它的目的，這就是銀行賺錢的方式。借出實際上不存在的錢，而這筆錢一定會被歸還，甚至還附上利息。現代的資本主義就是這麼運作的，因此該紀錄片定義「錢是債務」。雖然令人難以置信，但是卻不得不相信。難不成是「教育電視臺」在說謊嗎？

---

12 韓國教育廣播公社，是韓國國營教育電視臺兼廣播電臺。

13 等同臺灣的「中央印製廠」。

如果通貨市場中沒有債務的話，也就沒有錢了。

——馬里納．斯托達德．埃克爾斯[14]

好奇心似乎現在才獲得解放，終於知道為什麼到處都因為錢借不出去而著急了。可是為什麼心裡覺得很不舒服呢？胸口反而像被緊緊堵住一樣，悶悶的。好像知道了不該知道的事情，說不定不知道還比較好呢。

與我的期望相反，房價持續上漲，上漲的原因難道不是因為那些貸款買房的人，他們懇切的希望所造成的結果嗎？如果房價下跌的話，他們大部分的人都會蒙受巨大損失。因此，為了不要破產，房價就只能持續上漲。

建立在債務之上的宏偉帝國，我們就住在那裡面。貪婪的金融，無論如何都會使我們被迫接受貸款。用更加殘酷的方式，讓你無法再堅持不借貸。事實上，世界正朝這個模樣轉變，我要崩塌失守只是時間問題而已。

沒借貸就不可能活下去嗎？啊，從今以後我要怎麼過活啊？乾脆不要計較這麼多了，只要接受貸款並繳納利息，就不會有問題了吧？感覺好像成了笨蛋。

---

14 Marriner Stoddard Eccles（一八九〇～一九七七），美國銀行家、經濟學家，前美國聯邦準備理事會（FRB）主席。

游牧民族

看樣子還是不行，在家裡完全無法集中精神，在家讀書或工作實在不是件容易的事。要是有專門的工作室就好了，可惜經濟狀況還沒有充裕到可以擁有工作室，迫於無奈，我主要還是在家裡畫畫。實在無法集中精神的時候，就把東西收進包包裡，然後走到我家前面的星巴克。

幾年前，要在咖啡廳畫畫可沒那麼容易。雖然可以畫簡單的素描，但是像我這種數位藝術創作，因為不可能帶著笨重的桌電和數位繪圖板過去，所以只能乖乖地待在有設備的地方畫畫。

拜數位產品的發達所賜，現在我可以到咖啡廳畫畫了。不必停留在固定的地方，可以在任何喜歡的地方畫畫，真是個美好的世界。

只要有電跟Wi-Fi，不管去哪裡都可以，這就稱作「數位游牧民族（Digital Nomad）」。藉由發達的數位產品和網路，使工作場所不受侷限的新式遊牧民族。從這個角度來看，我也可以自稱是數位游牧民族。

數位游牧民族沒有必要定居在同一個地方。只要下定決心，就可以過著一邊四處旅行一邊工作的生活，不管是巴黎、紐約、夏威夷……好不浪漫。游牧民族的生活好自由。

我有一本我個人認為是引領自助室內裝潢（self-interior）熱潮的書，叫做《租屋裝潢》。一般人都認為裝飾非自己家的租屋處是很浪費的行為，然而這本書一反傳統的觀念，告訴你即使只住一年，也能追求居住在美麗的空間裡，書中介紹可以恢復原狀而且價格低廉的自助室內裝潢。最有趣的是，這本書的英文書名就翻譯成「Nomad Interior（游牧民族裝潢）」。我還在好奇要怎麼把租屋翻譯成英文，不得不說這是一個既恰當又苦澀的翻譯。合約時間一到就必須搬家的我，在成為數位游牧民族以前，就只是個普通的游牧民族。

我以前在首爾住超過三十年，獨立之後就搬來仁川了。雖然是因為首爾的房租昂貴到難以負荷才搬離的，但是也已經搬離四年了。這段期間，這裡的房租也上漲了不少，我正在煩惱是不是要搬到更南邊的鄉下地方去。幸好因為我是數位游牧民族，所以就算要搬到鄉下，似乎也沒有太大的影響。

我無法定居下來，正在四處流浪，明明我就不是蒙古人。而且我的游牧生活也不是自己的選擇，比較接近被推擠出來的。以後會被推擠到哪裡去呢？照這樣下去，這世界不就變成便利又優良的地方只住著富裕人家，環境惡劣的地方只住著貧窮人家嗎？

因數位發達而使場所不受侷限，是一種祝福嗎？還是使貧富兩極化加劇的災難呢？

哎呀，好像只往不好的方面想了。往其他方面想，在同一個地方住久了，就如同一灘死水。家裡逐漸累積一些沒用的東西，也會因為一成不變的環境而感到倦怠。人類就是這麼奇怪的動物，動蕩的時候就想要安定，安定的時候就想要動蕩。因此會離開熟悉的地方，享受不安定的旅行，旅行回來之後再一邊說：「去了這麼多地方，還是家裡最好。」一邊確認安定的存在。安定之後就必須移動的租屋游牧生活，明明還是有它的優點，像這樣安慰自己，心情就會好一點。

不久前我看到一則報導，說印尼的峇里島因成為數位游牧民族的天堂而備受矚目。除了有優良的天氣和環境以外，更重要的是生活費低廉，因此有大量的數位游牧民族湧入。

如果是峇里島的話，我也想要過去，但這樣我必須先從英文開始學起。我以為一輩子都

啊，令人厭煩的游牧生活。

會住在韓國，所以就放棄英文了，這下才知道英文有多重要。必須在世界流浪才能生存的游牧時代已經來臨。行李輕一點，膽量多一點。從今以後，世界就是我的家。哇啊，選擇的幅度好像變寬了。好高興喔，真的。

為了自由而賺錢

離職並做出「不努力生活」的宣言之後，已經過了一年了。這段期間我真的非常不努力生活，我隨心所欲到懷疑「真的可以這樣過活嗎？」的程度，並且只做我願意做的工作，這樣做當然賺不了錢。（笑）

雖然這樣聽起來很奇怪，但我是故意努力不賺錢的。真的啦。不是賺不了錢，是不想賺錢。該怎麼說才好呢，就只是不想工作而已。以前會勉強接下來做的工作，現在會找各式各樣的藉口拒絕。看起來很不像話嗎？我知道啊。長這麼大的人還說不想工作，不去賺錢只會玩樂，如果你有這種想法，那我也無話可說。但無論如何我都想要這樣子生活一次看看。

YOLO這個詞很流行，意思是「人生只有一次（You Only Live Once）」，指不為了未來或其他人犧牲，強調及時行樂的生活方式。原來最近有越來越多人這樣想啊。難不成是因為大家都不花錢，這是為了刺激大家消費的高段商業策略嗎？我本來覺得YOLO只是別人的事，仔細想想，我現在這樣自由自在的生活，不也是一種YOLO嗎？

我一直以來都認為我是因為錢而變得不自由。因為錢，我得去公司上班；因為錢，我得畫畫；因為錢，我得做討厭的工作，我所有的義務都是為了那傢伙的錢。而且，我總是認為解決這個問題的方法就是「賺更多的錢」，賺更多的錢就能獲得自由了。在存到足夠的錢之前，我將無法自由自在地生活。

我被錢給束縛住了，像這樣一輩子都為追逐錢而活。但是感覺我越追，錢就逃得越遠。雖然也有部分原因是我賺錢的能力不足，但是不管再怎麼賺，都還是不夠。

收入兩百萬韓元的人說，即使賺五百萬韓元也解決不了錢的問題。我也看過很多年薪超過一億韓元的人說錢不夠用。他們跟我有什麼不同？因此我忽然間明白了，用這種方式，大概永遠都得不到自由。

因為錢而不停推延自由，沒享受到半次自由就這樣衰老死去，這樣的危機感席捲而來。你看，人生只有一次啊！

現在我活得自由自在。但是我也非常清楚，這並不是永遠的自由。這個自由打從一開始就已經訂好有效期限了，帳戶餘額就是有效期限。帳戶餘額減少得比想像中還快，等餘額見

你知道嗎？悲傷的預感，從來沒有出錯過。

底，我的自由也就結束了。啊，結果還是為了錢嗎？

沒有必要為此感到失望。我知道延長有效期限的方法，賺錢就行了。對我來說，我沒有非勞動所得，還能有其他方法嗎？我必須要販賣勞力和時間來賺錢。偶爾要畫討厭的畫，消化不合理的工作排程，忍氣吞聲地賺錢，才能延長有效期限。但為了享受現在的自由，應該可以做到這種程度吧？又不是要每天都去上班，如果連這種程度都做不到，那我想送給我自己一句話。

「去死一死好了。」

我必須要重新去賺錢。結果，我似乎還是無法從金錢中獲得完全的自由。但是，這跟以前產生了很大的差異。以前是為了未來而忍耐、賺錢，對我來說，賺錢就是忍氣吞聲、委曲求全。但是，現在是為了維持當下的自由和快樂而賺錢。這不是忍耐，而是為了再多品嘗一些快樂的味道所做出的主動性行為。也沒必要賺很多錢，只要賺到能夠維持現今生活的程度就行了。如果活得夠簡樸，就可以再更偷懶一點。

雖然賺錢的行為是一樣的，但是委任我行動的內心卻變得不一樣了。我不是為了未來而賺錢，是為了維持現在的自由而賺錢。

雖然我依舊要賺錢，但是我已經自由了。

像這樣一天一天地延長著自由，到死為止都是自由的，這就是我的目標。

YOLO是別的事嗎？只為當下而活不就是YOLO嗎？

第四部

差一點
就變得不幸了

無法實現夢想不代表人生結束了。

我們必須要擁抱上天賦予我們的生活，並且繼續活下去。

所以說，這是觀點的差異。

慢一點也沒關係

如果去餐廳吃飯，點完餐過了三十分鐘，菜都還沒送上來，發生這種事情，你的心情會如何呢？

可能會懷疑服務生沒聽到我們點的菜，並為此感到不安。也可能會抗議：「為什麼這麼久還沒上菜？」雖然聽到對方道歉說：「對不起，請您再稍等一下下。」但是心情已經大受影響了。然後不停地偷瞄，看我們的菜是不是要上來了，順便監視比我們晚來的人是否已經先上菜了。也會在心裡威脅說：「讓人等了這麼久，味道最好不要太差。」真的上菜之後，又因為覺得等待的時間很委屈，所以味道好像也不怎麼樣，「竟然為了這種普通的食物，浪費我寶貴的時間。」想著想著又開始生氣。總之，若是發生這種事情，心裡肯定會有各種情緒湧上心頭。等待並不是令人愉快的事情。但是也有店家會讓人不在乎有這種等待。

首爾安國洞有一家我很喜歡去的馬格利酒居酒屋，那裡就是會讓人不在乎等待的店。那是一家由老闆獨自製作飲食跟招呼客人的小店。那家店的菜單最前面就寫著這樣的文字。

「我的動作有點慢，所以要等很久才能上菜，敬請見諒。」

只有真的很討厭食物要等很久的人才會馬上轉身離開，大部分的人都一口氣將耐心延展至無極限，選擇愉快地進行等待。因為本來就很慢，還能怎麼辦呢？

大概要等二十到三十分鐘才會上菜。等待的期間就一邊小口小口地喝已經先上來的馬格利酒，一邊聊聊天，感覺下酒菜來得比想像中還快。食物也是美味到不行，甚至覺得這種好吃的程度，就算要等一個小時也沒關係，真是一家神奇的店。

跟前面所講的那種等待全然不同，它可以讓人以悠閒自在的心情等待，我相信原因就是菜單上寫的那一行字。一開始已經認定會很慢，人們的心就從焦躁不安變成悠閒自在。即使平常匆匆忙忙，忙得暈頭轉向，所有人的內心也都隱藏著悠閒和寬容。是菜單上的文字將它們掏了出來。

「難道只有我落後了嗎？」

任何人都肯定有過這樣的想法。不，坦白說，是常常這麼想。其他人好像都已經站穩腳步，找到並實現了什麼，正朝著未來前進，只有我還在原地踏步，因此常常感到不安。

落後這件事，也是我的專長。大學入學考我考了四次才考上，就讀期間還辦過休學，二十五歲去當兵，年過三十才從大學畢業，畢業後又當了三年的無業遊民。光是從這件事來看，我就已經落後同齡人大約六到七年了。

我從二十幾歲開始就一直處於落後的狀態。說不定打從一出生就已經落後了。誰不是這樣呢？出生在有錢人家也是一種實力呀。

不過值得慶幸的是，我正在慢慢往前邁進。不是只有賺更多的錢並走向成功才是往前邁進。我正一步步地朝著我想走的方向前進，生活情況也一點一點地好轉。雖然有時候這個變化微小到好像我沒有往前的欲望一樣，但是我明明就在前進中。所以說，我是個緩慢的人。

我本來就很慢。

我從以前就自認為是這樣。而且面對身邊的人，我也毫不掩飾，向來都是直言不諱。神奇的是，身邊的人也不曾囉哩囉嗦地對我指手畫腳，或是說我令人心寒，而是認同我緩慢的速度，甚至常常有人羨慕我。看到這種反應，我產生了「慢慢走」的悠閒感，而不是「落

我分明警告過你們囉。出發的信號響了之後，我會以非常緩慢的速度進行奔跑，用目前為止從來沒人看過的緩慢步伐來跑。所以說，以輕鬆自在的方式看待這樣的我即可，這樣我也會比較自在。
謝絕忠告。

後」的不安感。就如同在那家常去的馬格利酒居酒屋，不會怪老闆手腳慢，而是享受等待的時間。

我開玩笑地問說因為我落後別人七年，所以我是不是可以比別人多活七年？不然就是認為自己比同齡人年輕七歲。我因為緩慢而年輕，緩慢不一定只有壞處。

一定要配合其他人的速度來生活嗎？大家明明都說不想跟別人過一樣的生活，那為什麼要費盡心思去配合別人，只要一落後就覺得不安呢？而且即使落後、速度緩慢，那又怎樣？這是什麼大事嗎？每個人都有自己的速度。為了配合別人的速度而遺失自己的速度，因此才會變得痛苦。光是慢慢地走，就能擁有跟別人完全不一樣的生活。有個性。哇，Unique！

我無法說完全不會對自己的生活感到不安，我也會常常感到不安，但是不會有落後別人的不安。反正我本來就很慢。而且因為我走得很慢，其他人早已跑到遙遠的前方去了，根本看不到要往哪個方向跟上去。所以我也不用在意其他人往哪裡跑，只要走我自己的路就好。由於不是往相同的方向走，所以早就失去比較的意義了，更不會有所謂的領先及落後。

或許現在會對落後感到不安，可能是因為正在面臨落後。但是沒有追趕的必要，找到自己的速度和道路比追趕更重要。緩慢並不丟臉。認同它吧，我們落後了，那又怎樣？我實在太喜歡這種厚臉皮了。

既然都已經遲了，那就慢慢走吧？人生變得越來越長，走這麼快要幹麼？因為我一個人慢慢地走，才會覺得很寂寞。一起慢慢走吧。如果大家同心協力不跑了，說不定這個令人厭倦的競爭社會也會有所改變。真的啦。

不行是正常的

「啊，沒一件稱心如意的事。」

我們常常因為事與願違而感到痛苦。沒做任何努力就算了，如果盡了最大努力還無法如願以償的話，會感覺更加痛苦。但是冷靜想想，不能稱心如意是很正常的事啊。你問我這話什麼意思？

來，你試著想像一下，有一個這樣的人，他想要的東西跟他夢想的事情都可以被實現。他想要有很多錢，就會變成有錢人；他想要某人喜歡他，那個人就會喜歡他；他想要某人死掉，那個人就會死掉。我們不會認為這種能力是正常的，這叫做超能力。

我們不是超能力者。世界上的事情本來就不會如我所願，這很正常，也很自然。

但是我們卻把這個事實忘得一乾二淨，因為不能稱心如意而感到痛苦。

在金·凱瑞主演的電影《王牌天神》中，有一個這樣的場面。由於天神跑去度假，委託主角布魯斯當天神代理人，他因此擁有了全知全能的能力。布魯斯覺得要將人們的願望一一聆聽完實在太麻煩了，所以他決定實現所有人的願望。他的想法很單純，他認為實現所有人的願望，所有人都會變得幸福。

結果，世界陷入混亂，一夜之間變得亂七八糟。數十萬人同時中了樂透頭獎，所以每人的獎金只有十七美元，對此感到憤怒的人便引起暴動，導致城市癱瘓。

只有這樣嗎？雖然電影沒有演出來，但是如果連續殺人魔的願望是希望可以殺掉更多的人、公司老闆的願望是希望員工可以拿更少的薪水並做更多的事、無數的考生希望考試可以合格、不懂事的學生為了不想上課而希望學校發生火災，這些願望全部實現的話，這將成為史上最大的災難。

看到這種場景之後，腦中突然閃現一個想法，雖然不可能所有人的願望都實現，但是確實不應該讓每個人的願望都實現。就算是為了世界和平，也不應該讓這種事情發生。或許已經有人察覺到了，我之所以會變成這副模樣，其實都是為了世界和平。如果要頒諾貝爾和平獎給我，我一定會欣然地接受。

我問你喔，你覺得一個人的所有事情都能如願以償是正常的，還是所有事情都不能如願以償才是正常的？
不能如願以償是正常的。
垂下～
賓果！所以你現在會這副摸樣也是非常正常的喔。
這真的是安……安慰嗎？
沒問題啦！
拍

莫名其妙成了安慰……

如果有人抱怨人生、身邊的人、這個世界上所有事情都不順他的意，所以他覺得很疲累，我肯定會認為這個人是貪得無厭的人。接著在心裡罵他：「怎麼可能所有的事情都能如願以償？」然而，我自己也是如此。

雖然我不想承認，但或許我也是個貪婪的人。為什麼我出生在貧窮的家庭？為什麼我長成這樣？為什麼我這麼無能？為什麼我……？其實認真追究起來，幾乎沒有一件事情能如我所願。

我幾乎沒有可以自行選擇或決定的事情，或許這就是所謂的人生。即便如此，也不表示生活正走向錯誤。我們的生活極為正常，不能如願以償的現在才是正常的，沒有理由要為此感到痛苦。

什麼嘛，那我豈不是白傷心了？哼。

怎麼會變成這樣的大人

電影《比海還深》的主角良多，雖然夢想成為小說家，但是因為生活貧困，而到了徵信社上班，並偷偷背著老闆威脅客人，以謀取私利。在良多勒索高中生的場面中，出現了這樣的台詞。

「我才不想成為你這樣的大人呢。」

「我只有一句話要說，如果你以為想成為就能成為，那你就大錯特錯了。」

是啊。如同製作這部電影的導演是枝裕和說過的話：「不是每個人都能成為想成為的大人。」良多肯定也不想成為勒索高中生的大人。明明很努力地生活，但是活著活著，就變成那種大人了。

我果然也是如此。我的樣子和小時候夢想中的自己完全不一樣。根據國中時期的日記內容，我現在應該是住在有游泳池的豪宅、開進口跑車、無須工作、開公司純粹是興趣、一年有一半的時間在各國旅遊的大人才對。（啊，實在有夠不諳世事。）

我以為即使不能實現國中生那種不懂人情世故的夢想，至少也會成為在物質上、精神上擁有很多東西的大人。但是我現在的現狀是「意料之外的一無所有」。

「無法成為夢想中的樣子，我的人生就是失敗的人生嗎？」

每個人都有夢想中的樣子，雖然有些人可以成為夢想中的樣子，但是大部分的人都無法實現夢想，並以其他樣貌活著。所以我們現在的生活就好比以「雞」代「雉」的生活。面前放著不符合期待的雞，於是我們陷入了苦惱之中。有人為了把雞替換成雉而努力，有人勉強地把雞吃了，還有人說「我要的不是這個」，乾脆轉身背對那隻雞。

我曾經覺得我的生活很痛苦。為了抓住夢想而努力，但總是抓不到，而且還越離越遠。我曾經認為無法實現夢想就不能得到幸福。因此我為了變得幸福而更加努力，但是卻一直很不幸。曾經如此的我，最近這幾年常常感覺到幸福。並不是因為情況變好了，而是我下定決心喜歡及認同現在的自己，不再因否定現在的自己而努力。自從我開始認同現在的生活也很不錯之後，我開始能對瑣碎的小事感到幸福了。小到我都懷疑這種事也能帶來幸福啊？

我的意思不是說不要為了變得更好而努力。如果努力就能成為夢想中的樣子，我也會叫

照現在這樣發展下去，也沒關係嗎？
這只不過是卑劣的自我合理化罷了！
你真的能滿足於代替雉的雞嗎？
炸雞？
我超愛的呀！
不怎麼喜歡雉……

你努力。但是，在努力的過程中，生活還在繼續。

當你看到生活還沒成為夢想中的樣子時，希望你不要覺得難過。

應該要想著我現在無法達到期待的樣貌也很不錯。只有實現夢想才能過上幸福的生活，這是錯覺。無法實現夢想就不能幸福，並沒有這種法則。夢想是什麼？能實現夢想固然很好，但是不能實現也無妨。「哎呀，真可惜。」以這種程度將它一掃而空，從當前被賦予的生活中尋找並分享幸福，畢竟人生苦短。無法成為夢想中的樣子，並不等於失敗的人生。沒有所謂的失敗的人生。

或許有人會批判這是輸家的「自我安慰」、「自我合理化」，然後督促我們不要安於現狀，要時時鞭策自己。如果你要這樣講，我也無話可說。但是，「自我安慰」或「自我合理化」是壞事嗎？為了肯定及喜愛自己的生活，安慰自己並將它合理化，難道是錯的嗎？

只要能讓我愛上自己的生活，哪怕要做幾千次，我也要一面自我合理化，一面幸福地活下去。

如果我不愛我的人生，到底還會有誰來愛我的人生？

無法實現夢想不代表人生結束了。我們必須要擁抱上天賦予我們的生活，並且繼續活下去。所以說，這是觀點的差異。

「以雞代雉」聽起來好像是得到比較不好的東西，但是如果改為「以炸雞代雉」，感覺就完全不一樣了。因為我很愛炸雞，興奮到想立刻打開一罐啤酒。我們現在的生活不是雞，而是炸雞。這樣沒有道理不幸福吧？

他人的喜好

我愛看的電視節目正在介紹男人的必備單品「鬍鬚粉」。鬍鬚粉是什麼呢？它類似電影或電視劇裡喬裝用的假鬍鬚，是利用刷子把粉黏到皮膚上的產品。雖然看起來有點沒用，但是對於想留鬍子卻沒鬍子或者毛量不足的男人來說，有很大的吸引力。

先不說這些，用這個就能順利弄出鬍子嗎？男性嘉賓們直接進行示範。不知道是因為技巧生疏，還是產品的效能有限，所有人看起來都很滑稽，搞得攝影棚裡笑聲連連。

女主持人冷冷地看著這個景象，並提出疑問，她說：「大部分的女生都非常討厭留鬍子的男生，為什麼要為了有鬍子而做到這種程度？」一名男嘉賓回答了這個問題，他說：「留鬍子不是為了讓女人喜歡，就只是男人的浪漫情懷。」他還說：「也有少數的女人是鬍子控，所以沒有關係。」甚至補上一句話：「與其攻取溫和的多數，不如攻取狂熱的少數，成功率還比較高。」啊，我一下子就被說服了，好像明白了些什麼的感覺，領悟突然和鬍鬚粉一起降臨。

前面提到的「鬍子戰略」是指「選擇和專注」。這個戰略是不要想著把全部的事情都做好，而是只要專注於一件事情上，就能提升成果的戰略。「鬍子戰略」是果敢地放棄多數人覺得好看的樣子，專注於喜歡鬍子的少數人。

這和我們平常喜歡用的戰略非常不同。一般都是上網搜尋「女人喜歡的髮型」或「女人喜歡的穿搭」之類的東西，努力迎合多數人的喜好。相反地，他不管女人喜不喜歡，純粹是為了自我滿足而留鬍子，並且只跟喜歡鬍子的人交往，他說得理直氣壯，酷到令人尊敬。

把女人會喜歡的事情通通都做過了，競爭力依然低落的原因，難道是因為我做的事情跟別人一樣嗎？人們有各式各樣的喜好，當然也有喜歡鬍子的女人，為什麼我們會對這些事實視而不見呢？鬍子是有很多人反對、但競爭者很少的藍海，為什麼我們會無視少數人的喜好呢？為什麼我們會害怕反對呢？

「難道我一定要畫出（創造出）會讓更多人喜歡的東西嗎？」

我從很要好的弟弟那裡聽到這樣的煩惱。當然，這也是我的煩惱。只要是創作者，都會有這樣的煩惱。如果世人的反應不熱烈，就對自己做的工作失去信心，感到無比不安的時候，似乎就會有很多這類的煩惱。因為想盡快結束漫長的黑暗，獲得世人的認同。雖然也有經濟上的考量，但本質上還是因為希望得到更多人的喜愛和認同。越是這樣，在創作者的本質和迎合大眾口味之間的苦惱就越深。

我也曾為此煩惱了很多，結論就是，這是一個可有可無的煩惱。如果有做了便可以得到眾人喜愛並獲得認同的事，我也想叫你去做。做好規畫讓許多人滿意，等你瞭解之後，就會發現這件事相當困難。大眾會喜歡的故事，再加上有名的演員，許多以賣座為目標來製作的商業電影，接二連三地失敗了，看到這種事不就明白了嗎？即使加入人們會喜歡的東西，還是很常失敗。因為人們的喜好真的有非常多種，完全無法捉摸。

看看那些成功獲得大眾喜愛的作家的作品，與其說是因為具有人們會喜歡的東西而成功，不如說是做了自己想做的事情，正好有很多人也喜歡那件事。可以用「取向狙擊[15]」來表達這種情形。作品成功之後分析成功的主要因素，確認是不是因為裡面有一些人們會喜歡的成分，然而卻不一定是因為這些成分才成功。反而是那些非多數人會喜歡的成分，意外地獲得大眾的人氣。其實「人們會喜歡的作品」這句話是結果論，如果有固定的「人們會喜歡的作品」，那我馬上就去做。保證成功的事情，沒有理由不做吧？

我喜歡導演昆汀．塔倫提諾的作品，從他的第一部電影《霸道橫行》開始，就是狂熱的粉絲了。昆汀．塔倫提諾的電影從初期到現在，始終如一的不大眾化。他的電影明目張膽地運用B級情緒來武裝，如同他當初並沒有想要滿足很多人的想法，充滿波瀾壯闊的暴力、有點荒謬的自我獨創風格和故事內容。

只有狂熱愛好者才會喜歡的他的電影，竟然廣受全世界的喜愛和認同，這讓我得到很大的啟示。雖然很矛盾，但難道想獲得很多喜愛，就必須不去迎合大眾的喜好，推出自己獨有的個性和世界觀嗎？如果那個世界具有說服力的話，大眾就會因此狂熱，他們就會被狙擊。

為了迎合大眾而看人臉色的作品，只會顯得膚淺。人們料事如神，大家都看得出來，於是對它漠然置之。倒不如有點個性呢，這正好就是「鬍子戰略」。

即使是人氣居高不下的昆汀．塔倫提諾，還是有很多「黑粉」討厭他的電影。你看吧，根本不可能滿足所有的人。為了迎合大家，只會越來越疲累。不僅無法明白人們的心，還會被他們的善變給操控了。連我自己都一下喜歡這個、一下喜歡那個了，更別說要怎麼迎合別人的心意了。

---

15 指某事物正合我意、是我的菜、是我喜歡的類型。

世界如此寬廣，喜好如此多樣。

個性就是競爭力。

做自己喜歡的事情，不代表就能得到所有人的認同。不過，值得慶幸的是，即使做了人們會喜歡的事情，也不代表就能得到所有人的認同。既然無法得知結果，倒不如就做自己喜歡的事情。不要依賴別人的認同，要專注於自己喜歡的世界，久而久之，那個世界會變得越來越堅固，說不定最後就被人們認同了？即使最後沒有獲得認同，至少也盡情地做了想做的事，比起只為了迎合別人的喜好而努力，最後還得不到認同，這樣不是更好嗎？

想迎合所有人，到頭來什麼也迎合不了。

因此，不要想讓多數人覺得好看，我們一起來留鬍子吧。與其成為完美的人，不如成為有個性的人。不要害怕反對的人。我們害怕有個性的原因，就是出於想要受到許多人喜愛的幼稚心態，只要反覆思索這句話，選擇就會變得更加輕鬆。

話說回來，這種話要讓成功的人說才有說服力，由我這種一事無成的人來說，說服力會大打折扣。對不起，或許直接尋找人們會喜歡的東西會更好。祝您好運。

如果人生也跟電視劇一樣就好了

我小時候曾經做過這種幻想：現在的爸爸並不是親生爸爸，我的親生爸爸另有其人。（爸爸，對不起。）親生爸爸是富可敵國的財閥，不知怎麼搞的，把我這個親生兒子給弄丟了，雖然為了找我而四處打聽消息，但是還沒找到我。若是在不久的將來，我的親生爸爸找到我，我就能和這個令人厭煩的貧窮告別了。雖然我知道這是很荒謬的想像，但我仍然希望我身上可以發生像電視劇一樣的事情，懷抱著虛無縹緲的希望。總之就是這樣。

但是到了二十歲，我的親生爸爸都沒有來找我。

「看來要找人似乎不是這麼容易的事啊，從我家總裁還找不到我的這件事來看……」

這位親生爸爸只有常常出現在我跟朋友說的無聊玩笑話裡而已，隨著時間流逝，我也忘記親生爸爸了。活了將近四十年都沒有來找我，現在我也該忘掉一切，好好地活下去才行。（笑）很可惜，我的人生沒有電視劇般的情節。我的人生過得很平凡，沒有令人驚訝的逆轉，就只是這樣而已。啊，真無聊。

這輩子從來沒有用過社群網站的我，不久前開始使用Instagram了。有個跟我一起開始使用Instagram的熟人，好幾天都沉浸在Instagram裡，他到處東看西看，最後嘆了一口氣，並說出這樣的話。

「大家都過得很好，只有我過成這副德性呢。」

我開始使用Instagram之後，心情也跟他沒什麼兩樣。其他人的創作好像都精采絕倫，人生看起來也好像充滿歡樂。所有人都天天吃美食、住豪宅、穿著帥氣美麗的衣服，再加上優秀的外貌，真了不起。跟電視劇沒什麼兩樣。

所有人都是主角，只有我是路人甲，我因此感到憂鬱。雖然我早就知道使用社群網站會發生這種事情，但我以為我會沒事，結果卻不是如此。修練還不夠啊。才看了幾個人的帳號，竟然就變成易碎的玻璃心了。不能就這樣倒下，我的生活也很不錯。好啊，我也要讓你們瞧瞧，我過得有多好。

從來沒有拍過美食照片的我，也開始拍美食照片了。很快地，我又憂鬱起來了。因為我不懂把我在哪裡吃的東西拍照上傳，到底有什麼意義？曾經以「自拍苦手」為由，避免自拍的我，竟然在練習自拍。然後我又開始憂鬱了。啊，原來我不是自拍苦手，是長得太醜啊。謝謝你告訴我這些美好的事情，人生充滿學習。不管怎麼找，我的人生都沒有值得別人羨慕的東西，所以沒有可以上傳的照片。我的人生大致上很無聊。這種無聊的東西，誰想看啊？

雖然我不怎麼看電視劇，但是有一部電視劇每一季我一定要看，是一部叫做《吳具實》的網路電視劇，每集兩分多鐘，完全擄獲我的心。為什麼我會喜歡這部電視劇呢？

這部電視劇裡沒有出現財閥，沒有觸動人心的命運般的愛情，沒有欺負主角的壞人，沒有身世的祕密，也沒有殺人事件，更沒有鬼怪。這部電視劇裡不會發生特別的事情，頂多就是參加聯誼、加班、種番茄或喝啤酒。雖然也有對有好感的男人心動的瞬間，但是和一般電視劇裡所有帥氣的男人都會愛上女主角相比，這部劇基本上是無聊的。雖然會想說這種故事也能成為電視劇，不過這個無聊感正是這部電視劇的魅力。跟我的生活沒有什麼兩樣、沒什麼特別的故事，竟然也能變成電視劇。

為什麼總覺得無聊呢？
你的一天是如此可愛。

搭配「咖啡少年[16]」沉穩的旁白來觀看，吳具實的生活一點都不無聊，真的很可愛。我喜歡這種用細膩且溫暖的視線來觀看每一個看似無聊的生活瞬間，看到別人看不到並且忽視

16
韓國創作男歌手。

如果把我的人生製作成電視劇，
大概會是這種感覺吧？

啊，從沒看過這麼悲傷的電視劇。

的東西，我很羨慕這樣的視線。難道是因為我一直以來都只看著眼睛看得到的東西嗎？我想成為能夠發現看不見的價值的人，是那樣的人創造了吳具實。我喜歡這部電視劇。

如果把人生量化成一百，眼睛看得見的幸福瞬間會是多少呢？快樂、興奮、激動、成就……就算做得再好，這些瞬間也才佔二十左右吧？剩下的八十，基本上都是枯燥乏味的、反覆性的、沒什麼特別的、無聊的瞬間。

是啊，人生多半是無聊的。或許所謂的令人滿意的生活，就是幸福地度過那些組成人生絕大部分的無聊瞬間吧？發現小事物的價值，就像認同無聊的電視劇《吳具實》一樣。如果我能意識到曾經認為完全不戲劇性的她和我的人生都能成為電視劇的話，我現在的生活也能變得有所不同。我的人生也需要咖啡少年的旁白。

為什麼呢？為什麼需要他的聲音呢？
你的一天已經如此有趣了。

普通的自尊感

最近常常在各處看到「自尊感」這個詞，無論是網路上、電視上、書店裡，都能看到自尊感一詞，如此備受矚目，可見它應該是趨勢吧。自尊感啊……雖然很常聽到這個詞，但是卻不太明白它的正確意思，考量到日後可以裝懂，於是我試著查找它的意思。

自尊感是「自我尊重的感覺」的簡稱，愛自己、尊重自己的心理，對於自己有多愛自己以及多滿意自己的自我評價。自尊感越低，就越容易有自卑感，也很容易陷入自愧感的情緒之中。我想就是因為這樣，最近自尊感才會這麼熱門吧。

如今的社會是以無限競爭、就業困難、土湯匙、外貌至上主義、社群網站為代表的時代。永無止境地拿別人和自己做比較，然後讓自己受傷，這是比任何時候都迫切需要恢復自尊感的時代。

那麼，我的自尊感還可以嗎？由於突然感到好奇，因此我嘗試做了可以輕鬆確認自尊感的馬歇爾・羅森堡[17]自尊量表測驗。

測驗有十個問題，最後將分數加總，我的自尊感等級為「普通」。喔，原來我才普通而已喔。原本以為做完可以增加安全感，沒想到會同時感覺到惋惜。這又不是什麼考試，竟然會想要得到高分，我也真是的……看來我的內心似乎是認為我的自尊感很高，不對，是希望很高。

仔細想想，所謂的自尊感並不是客觀的評價，我怎麼看待自己才是重點吧。即使羅森堡博士對我說：「你是普通等級。」但我認為：「不是吧？我比這個還要高啊？」因此測驗的結果並不重要。也就是說，我沒有為了提高我的自尊感而努力的想法。呼，差點就認真了。

我在YouTube觀看法輪法師演講的影片時，聽到關於自尊感的新鮮言論。根據法師所言，人們在評價自己的時候，通常都會給予好評。而且自尊感低的人，不單是給予好評，還會給予過高的評價。嗯？自尊感低的人不就是貶低自己存在的人嗎？竟然反過來給予過高的評價？這句話是什麼意思啊？請先繼續聽下去。

自尊感低的人，因為給予自己過高的評價，所以具有自己很厲害的幻想，這種幻想與現實的乖離越大，痛苦就越大。我在自己創造的幻想中是個厲害的人，然而，現實中的我卻是個寒酸、沒看頭、得不到他人認同的人，因此越來越討厭現實中的我，對自己不滿意，並且討厭看到自己。如果實在討厭到不行，最後就會結束自己的性命。

松鼠不會因為自己長得醜或是收集橡實的能力不如其他松鼠就跑去自殺（法輪法師特別喜歡用松鼠來做比喻，常常拿出來賣弄）。因為動物對自己沒有幻想，所以會按照原有的樣子來過活。只有人類才會對自己的現況感到悲觀，進而選擇自殺。正因如此，他認為為了讓現在的樣子符合幻想中的樣子而努力，一點都不值得。他說要丟掉幻想，還要認同及喜愛自己現在的樣子。原來我是只有這點程度的人啊，不過這個樣子也很不錯啊。

雖然對這段話會不會產生同感是因人而異，但是我對此是深感佩服及贊同。真正在修行的人果然不一樣啊，這是像我這種外行人無法達到的境界。

坦白說，我就是自我評價過高的代表人物。我堅信自己是個了不起的人，以後一定會變成怎樣怎樣。我認為我做的是更有意義的生產工作，跟其他艱辛度日的人不一樣，甚至還有只有我不會老也不會死的荒誕想法。

但是現實並不是如此。我做的這些工作並沒什麼意義，只是為了賺錢而已。甚至錢還沒

17 Marshall Rosenberg（一九三四～二〇一五），美國心理學家。

我值得被愛，
而且現在也夠好，
我不會被別人的評價給動搖，
我，很幸福啊。
直接痛罵那傢伙一頓，不是比較好嗎？
金課長是大壞蛋

有賺得跟別人一樣多，因此累積了不滿。儘管每天都活得很辛苦，但是卻感覺沒有離幻想中的樣子更靠近一步，所以心裡很痛苦、很焦急，總是覺得不滿意。最後還以「肯定是哪裡出錯」為由，整天窩在家裡，花了三年的時間修道，我顯然就是個高估自己的重症病患。

這三年期間，我反覆地問著空泛的問題，「我真正想做的工作是什麼？」、「我存在的理由是什麼？」、「人類為什麼要活著？」等等，問了無數次之後，我終於可以放下幻想了。我會存在就只是因為我出生了，沒有什麼專屬於我的特別理由。我領悟到我不是畫畫很厲害的人，只是個平凡或有點沒出息的存在而已。我接受了這一點，我的要求超過我所擁有的，這段期間是我太貪心了。

當時我因為認同自己是沒有看頭的存在，我以為我的自尊感下降到地板去了，但其實正好相反，我的自尊感似乎是從那個時候開始變高的。事實上，在那之後，我變成有點積極的人了。對小事也懂得感恩，不再從工作或生活中尋找大意義。生活中第一次感覺到幸福也是在那個時候。奇怪了？情況也沒有變得很好，過得這麼幸福也沒關係嗎？我因為第一次感受到的陌生情感而變得不知所措。

我認為自己是很厲害的人的時候，當時的自尊感是最低的，我認同自己不是特別的人之後，我的自尊感才到達現在的「普通」等級，人生還真是諷刺。

雖然我剛剛否認，但是我的自尊感好像真的是「普通」等級沒錯。因為我對我的樣貌大致上很滿意，但是沒有到完全滿意。我的內心深處還存有希望現在變得更好的想法。雖然我創造的幻想仍舊存在，但是乖離的程度已經不像以前那麼大了，所以沒關係。反正也不是希望成為那個很厲害的我，所以我想帶著這點程度的欲望活下去。雖然想要有很高的自尊感，但是普通等級的自尊感也足以讓我幸福地活下去了。

我很滿意我普通等級的自尊感。
所以我仍然沒有為了提高自尊感而努力的想法。

如果因為自尊感低而造成問題的話，不是應該要努力提高它嗎？但是我希望這種努力不會形成另一種壓力。還有，如果自尊感高的人想藉由成功來提高自尊感的話，我希望他們不要這麼做。用這種方式，絕對無法提高自尊感。因為自尊感是認同並喜愛自己原有的樣子。

是誰使我這麼痛苦

如果你在尋找使自己變得不幸的最快方法，我會推薦你「比較」。這是既不會失敗又最確實的方法。不相信的話，你馬上想想比你會賺錢或比你漂亮（帥氣）的人。不管是身邊的人還是有名的人都沒關係。然後靜靜地將自己的人生放在旁邊比較看看。啊，我好不幸啊。一瞬間就變得很不幸。你看，比較從來沒有失敗過。

基於這個原因，我格外注意不要拿自己跟別人比較。由於不想活得很不幸，所以與其因為我的人生和別人不同而感到不安，不如多具備一點自負心。如此獨特的人生，其他人都過不了的人生。而且，仔細想想，所有人的人生都是獨一無二的，世上沒有一模一樣的人生。

當然，不比較的生活，實踐過程並不是那麼順利。即使已經將內心管理得很好，但是若突然有人「咻」地一聲從外部攻打進來，我也只能束手無策地接受攻擊。這算是一種外部的敵人，這個敵人的名字叫媽媽朋友的兒子（女兒），簡稱媽朋兒（女），也就是別人家的孩子。

「我朋友的孩子中，就只有你還沒結婚。你到底什麼時候才要結婚？」

「聽說我朋友的兒子進大公司上班了。你還不打算找工作嗎？」

「他們家的女兒不僅書讀得好，臉也長得很漂亮。個性溫柔體貼，又會幫忙做家事。喂！我不是叫你不要在沙發上吃東西嗎？都灑出來了啦。不要再看電視了，快點去讀書！你這是什麼女兒，簡直就是冤家啊，冤家！」

雖然我們身邊有很多能力好、顏值高、個性又好的人，但是別人家的孩子才是讓我們感到特別辛苦的原因，因為他們恰好是爸媽朋友的兒子、女兒。看到爸媽朋友的子女，就會有挫敗感。還有我們只會讓爸媽擔心以及不孝的自愧感，使我們更加痛苦。我們每個人都有弱點，名為爸媽的弱點。

如果你還記得爸媽和我們一樣都是人類的這一點，就不會不理解爸媽的心情了。爸媽年輕的時候也跟我們一樣，不斷地拿自己和同齡人比較，並因此感到痛苦。為什麼我長得沒他好看？為什麼我不像他那麼聰明？為什麼我不像他那麼會賺錢？整段年輕的歲月就這樣度過了，上了年紀之後，就把比較的對象轉移到子女身上。聽說他們家小孩買補藥給他，聽說他們家小孩生了個孫子，聽說他們家小孩很會賺錢……從小事到大事，能比的都比了。比完自己比子女，接下來再比孫子，大概到死之前都會不停地比下去吧。

比起尋找幸福的原因，人類似乎更容易浪費一輩子來尋找不幸的原因。這也算是一種被虐狂嗎？

但是為什麼爸媽不拿別人，偏偏要拿「朋友的子女」來和我們做比較呢？「聽說馬克・祖克柏因為創辦臉書賺了很多錢。你呢？你做了什麼？」從來不曾自爸媽的口中聽到這樣的話。明明就還有很多更優秀的人，為什麼唯獨朋友的子女會讓爸媽感到痛苦呢？

因為馬克・祖克柏（雖然確實是羨慕他）並不會使我們痛苦。真正會使我們內心嫉妒到極點的人，正是我認為和我同等級或比我差的那些人。平常我覺得沒有我漂亮的朋友，當她帶來一個非常帥氣的暖男男友時；跟我擁有相似煩惱的公司同期同事，下班看到她開著高級進口車回家時，我們就會發了瘋似地嫉妒人家。

我們不會因為李奈映和元斌要結婚而產生嫉妒心，我們不會因為比爾・蓋茲擁有的萬貫家財而失眠。把我們逼瘋的是，那些我相信他是跟我平等的人，他們竟擁有「我沒有的東西」。打從一開始就「無法超越的四次元高牆」可能是憧憬的對象，卻不是嫉妒的對象。如

目標人物是？
把我變得不幸的罪魁禍首，名字就叫做媽朋兒。
請您務必除掉此人。

此就能充分理解，讓爸媽感到痛苦的人不是別人，而是朋友的兒子、女兒。

水平差不多的人互相比較，是你厲害、還是我厲害，看來人們生活的世界不過就是個測量橡實長度的世界。如果有人在很高很高的地方看著我們的話，他會怎麼想呢？大概會是這種想法吧。

唉唷，真沒意義。

你帶給我侮辱感

我偶爾會看男性雜誌，不是特意去買來看，只是會看看咖啡廳裡準備的雜誌而已。時尚、生活風格、旅行、藝術、汽車、美食、兩性……由於雜誌裡包含各式各樣人們關心的事物，看著看著，時間很快就過去了。

這在熟悉最新流行趨勢上也有很大的幫助。啊，原來最近這種東西很受歡迎啊。雖然不是過著全方位時尚的生活，但這大概是只有潮流知識不想錯過的心情吧？

然而，很奇怪的是，津津有味地看完每個專欄並且闔上雜誌之後，內心會有一股空虛苦澀的感覺。是因為喝太多咖啡了嗎？不是。是因為在整個閱讀雜誌的期間，我所面臨到的都是這種句子。

「不想花費心思打扮的日子，只要隨意披上就很好看的黑色羊毛開襟衫，一百二十萬韓元。」

啊，這在戲弄我呢。難道真的可以隨意地披上價值超過一百萬韓元的羊毛開襟衫嗎？在這之前，還要先有一百多萬韓元，才可以買下羊毛開襟衫吧？有誰可以做得到？當然，還是有可以做到的人，但這不是大眾雜誌嗎？寫下這種無法引起大眾共鳴的句子，用意是什麼呢？這種句子彷彿在說：「這些句子不是為了讓你這種人產生共鳴而寫的啦！」啊，這種侮辱感。

不難發現，雜誌裡到處都有這種侮辱的文字。拿起來很輕巧的包包，五百萬韓元（喂，價錢可不輕巧啊）。汽車就如同時尚打扮，要開符合當天心情的車子，汽車愛好者專訪（等等，年紀是……原來你才二十八歲啊）。擁有很多手錶的年輕企業家，最珍愛父親流傳下來的勞力士手錶（你看看，我有戴勞力士手錶的爸爸嗎？）。看完這些東西之後，就很難把變得凌亂的內心收拾乾淨。不知不覺就會拿自己的生活去比較，然而，既定的答案就只有一個。「我的生活根本不是生活，是一坨屎。」雜誌，你為什麼要這樣對我？

艾倫．狄波頓的小說《愛上浪漫》裡，提示了我們所好奇的雜誌的本質。

這類雜誌非得讓愛莉絲感到不幸不可。雜誌絕對不會告訴她說，她身上的衣服再穿一年也沒關係，外表其實並不重要，認識有名的人或房間布置成什麼顏色都不會成為問題。看到時裝專欄，她就會因為自己的衣櫥裡沒有那些衣服而難過；看到度假專欄，她就會想起自己去不了世界上每一個陽光普照的地方。看到題為「生活風格」的專欄，她會感覺自己根本沒有過上什麼好生活，更不用談是什麼風格，因此使她的自尊心受傷。

——節自《愛上浪漫》

是的，雜誌的目的就是要讓閱讀的人充滿挫折感，而且這種挫折感是經過高度運算的商業策略。許多人追求名牌的理由正是因為無法輕易購買它，這種挫折感會提升名牌的價值。挫折感越大就越想得到它，最後終於買到它的人們才能享受擺脫挫折感的喜悅。同時也帶給仍然買不起的人另一種挫折感，儘管只有短暫的片刻，也能藉此嘗到優越感的滋味。然而這種喜悅一下子就消失殆盡了，因為使我產生挫折的事物會源源不絕地冒出來。

挫折的行銷手法也適用於不因高單價而感到挫折的有錢人。這不是我的挫折，而是別人的挫折。單憑別人因為太貴而買不起的這個事實，就足以讓他們打開錢包了。不是有位哲學家這麼說嗎？財富的真正目的是炫耀。總之就是這樣。以這種挫折為基礎，將商品和服務集合起來，用資訊的名義進行包裝，再藉此實行廣告的傳單就叫做雜誌。所以我會邊看雜誌邊感覺到挫折，也是理所當然的囉。因為這就是為了讓人這樣而創造出來的東西。唉唷，連這種事都不知道，白白受傷了吧。不管了，不管了。

不是只有雜誌會帶來這種挫折感。最近似乎所有媒體都打算讓我感到挫折和不幸。

世界欺騙我們，說我們很不幸。

同時在耳邊竊竊私語地說，如果不想要變得不幸，就必須具備更多東西。

讓人產生原本沒有的欲望是資本主義的運作方式。生活在這種資本主義之中，想要不受騙上當，並不容易。如果不想受騙上當，就要不斷地詢問自己。

「我現在的欲望是從哪裡來的呢？」

「我的生活很不幸嗎？」

「我有過著不受世界欺騙的生活嗎？」

走進咖啡廳後，像習慣似地順手拿起這個月新出的雜誌。索性不看固然有益精神健康，但是在我知道雜誌的目的之後，我就不再像以前一樣痛苦了。如今知道了，我有自信不會上當、不會感到挫折，可以看得很開心。事實上，雜誌裡有很多有趣、引人入勝的事物。嗯，雖然不知道這些東西是不是誘餌。我以魚吃完誘餌就逃跑的心情翻開雜誌，我可沒這麼好欺負，你不可能讓我感到挫折。

我翻到下一頁。一篇標題為「不堪入目的過時時尚」的專欄，吸引了我的目光。一名造型師說工作靴因為過時而變得不堪入目。唉唷？去年不是說這是必備單品嗎？我買的是限期一年的必備單品嗎？你知道必備的意思嗎？

啊，被騙了。竟敢藐視我。不要阻止我，我要立刻把這本雜誌撕爛！但因為是大家一起看的雜誌，我沒辦法亂撕，只能把它放回原位。

咖啡格外地苦啊。

快來看看這個。如此一來，
你就能知道你的生活有多麼
不幸了。
HOMMA
APRIL
10 ITEM
SEASONAL BAG
Issue
Interview
S/S TREND
HOMMA
APRIL
要過上這種生活才叫人生啊。
嘻嘻～生氣了吧？

炙熱的夏夜走了

風和日麗的一天，我正在散步，有一群看起來二十幾歲的女人邊笑邊往我前面走去。雖然不知道她們為什麼這麼高興，可是我的心情也跟著好起來了。等她們走掉之後，我突然產生這種想法。

「啊，真是清新啊。」

真是清新啊？我有點驚訝。竟然會看著人家說很清新，看來我確實是年紀大了吧。如果我跟她們是同齡人，還會用清新這個詞嗎？不，想到我那只會把女人分為「漂亮」和「不漂亮」的年輕歲月，就知道不可能會出現這種說詞。因為上了年紀，看到同樣的東西，也會有不一樣的感覺。

我也有過清新的時期。那個時候，我和我的同齡人都還不知道什麼叫做清新。像這樣離年輕越來越遠之後，才開始看見年輕很清新的事實。

我領悟到一件事，人總在失去後才懂得它好。我也是因為失去清新後，才變得喜歡清新的事物，所以最近家裡多了幾盆植物。當我比現在年輕的時候，我對自然或植物完全沒興趣。從學校到植物園郊遊的時候，也是先發脾氣說到底為什麼要帶我們來這種無聊的地方。有什麼好看的啊！

但是我現在很喜歡植物園，清爽的空氣、讓眼睛變舒適的新綠，還有很多可看的東西。只可惜不能常去。小時候不懂這種滋味，由此可見，上了年紀也是挺帥氣的事情呢。或許這就是只有上了年紀才能享用的特權吧？

春天來臨之後，看到樹枝上發出嫩綠色的新芽，就會高興得不得了。走到一半看見青翠欲滴的新芽，我也不由自主地向它打招呼，說出「你好」。啊，這果然是年輕時不可能發生的事情。我在綠意盎然的自然中看見了年輕，並且憧憬著年輕。

常常有人說：「每當看見年輕人，就會想對他們說『年輕真好』。」我最近對這句話深有同感，年輕真好。但是我是絕對不會對他們說的。反正跟他們說，他們也不懂。就算他們懂，我也不想說。對，我就是任性。

我不知不覺就成了坐著拔稀疏白髮的落魄中年男子了，無法再擁有綠意盎然了。我的春天已經走了，夏天也走了。我現在正站在秋天的入口。不對，已經走進來了。我的身體會失去活力並且逐漸枯萎。窸窸窣窣，然後會變成一點水氣都沒有的乾枯落葉。接著迎接寒冷的

炙熱的夏夜走了，

只留下不堪入目的東西⋯⋯

——猴子（feat. 白頭髮）

冬天。就這樣，就這樣……

沒什麼好委屈的，又不是只有我在變老，這是自然的法則。生命先興盛後衰亡，這是非常自然的循環。在那裡大聲喊叫，又有什麼用呢？

自然有時候很冷酷無情。任何不滿都說不通。

我在綠意盎然的草綠中看見了有限。因為是馬上就要枯萎、消失的草綠，所以才感傷。因為是我經歷過的季節，所以才美麗。如果年輕是永久的，那就沒有它珍貴的道理了。雖然早就明白它並非永遠，但是直到我親身體驗的當下，我才有痛徹心扉的感覺。可是我既不能回去，也不想回去。

我並沒有非常喜歡我的年輕時期，坦白說，當時很辛苦。雖然年輕本身很好，但是一想到要再次經歷那個痛苦，我的心裡就百般不願意。年輕的日子很滾燙，彷彿心裡放了一把火。雖然有滿滿的活力，但偶爾會因為太炙熱而痛苦的夏天，是令人發狂的閃耀季節。

經歷過後，全都看起來很美好。正因如此，才會將年輕美化了。我更喜歡有點淒涼卻能享受悠閒的現在。

炙熱的夏夜走了，我因為擺脫炙熱而高興。不，很悲傷。不，我也不知道。我就知道我會這樣。想試著享用上了年紀的悠閒，結果只有內心變得複雜了。失敗了。

啊，是因為秋天嗎？看來是悲秋情懷吧。

失去以後得到的東西

最近有朋友和女朋友分手了。看到他這麼想念離去的女友，而且非常難受的樣子，我的心情也變得沉重起來，因為失去心愛的人就如同失去一個世界一樣。我明白這種痛苦，所以想要安慰他，但是卻想不到有什麼可以說的話。於是我這樣對他說。

「哇，那現在就可以見其他女人了耶。真是太好了。」

看到他的表情，就知道我失敗了。看來我沒有什麼安慰人的天分。這樣也叫做朋友啊？幸好他沒揍我一拳。我對朋友說的這句話，雖然有一半是開玩笑，但也有一半是真心話。

如果沒分手當然是更好，但既然都已經分了，還能怎麼辦呢？往另一方面想，分手也不見得是壞事啊。坦白說，不管是談戀愛或結婚之後，都還是會繼續把目光投向別人。這個人可能是走在路上偶然遇見的人，也可能是電視上出現的藝人。即使我身邊已經有愛人了，人類還是會本能地對別人感到好奇，對帥氣的人感興趣，然後在心裡和身邊的人進行比較。當然，我並不會這樣做。（笑）總之就是這樣。

儘管我們有這種人類本能上的缺點，但我們卻不會輕易做出破壞當前關係的愚蠢行為。因此我們應當受到稱讚，如此能忍耐的化身啊！

來，分手代表一種許可，允許你現在可以盡情地與其他人見面。不忍耐也沒關係，這樣多好啊。其實我也知道，這種話根本安慰不了人。

常言道：「有得必有失。」這裡有個成功的人。雖然十分羨慕他，但是他肯定曾為了成功而失去某樣東西。可能因為忙於工作而失去健康，也可能因為無法和親愛的家人團聚而失去家人間相處的回憶。這就是有得必有失的涵義。如果把這句話倒反過來，意思就變成有失必有得了。他失去了健康或家人，但是卻獲得成功。

有失必有得。

得到某樣東西的時候，會因為專注於得到的東西，而不知道失去了什麼；失去某樣東西的時候，會因為專注於失去的東西，而不知道得到了什麼。感覺得到某樣東西的時候，因為很高興，所以不會有什麼大問題。問題是感覺失去某樣東西的時候，喪失東西的悲傷，令人

雖然不知道是否能成為安慰，
但是空缺一定會由某樣東西來填補。

難以接受。因為這個悲傷牽扯到不可挽回的選擇。萬一因為喪失而感到痛苦的話，只要想著有失必有得，是否就更能戰勝悲傷了？

前面提到的朋友，最近沉迷於畫畫。雖然他原本就有在畫畫，但是因為挑戰了新的畫風，所以畫畫的時光變得更幸福了。由畫畫填補了因為分手而產生的空缺，並且重新發現了熱情。看來有失必有得這句話是對的。

儘管如此，或許像今天這種下雨的日子，還是會一邊想著離開的她，一邊喝著燒酒吧？在空缺被完全填滿之前，還需要一點時間吧。希望剩下的空缺也能盡快由其他東西填補起來……這段時間先由想念來填補空缺，似乎也不差。

故事就是人生

雖然不能說我讀了很多書，但是我非常喜歡書。我小時候是自己跟自己玩的達人，書就是我最好的朋友，也是唯一的玩具。當我還是小學生時，就很喜歡看推理小說，主要是看《福爾摩斯》系列和阿嘉莎・克莉絲蒂寫的推理小說。我喜歡追尋犯人並奔向故事終點的那種單純，以及揭發犯人時的痛快。

犯人總是意想不到的人。小孩對人類的理解還太淺短，不管再怎麼推理都找不出犯人，這打從一開始就是不可能的事。儘管如此，我還是覺得推理小說很有趣。比起找出犯人，也許是偷窺被禁止觀看的成人世界的樂趣，令我深陷其中無法自拔吧。殺人事件會發生主要都是因為錢或者是情殺，觀察這種欲望還滿有意思的。但是大人並不樂見小孩看推理小說，他們總是叫我讀一些對課業有幫助的書。哼，就只有他們自己可以讀有趣的書！

上了國中之後，我變得喜歡看漫畫。進入一九九〇年代以後，原本被禁止的日本漫畫開始引進韓國，《灌籃高手》、《七龍珠》、《城市獵人》、《古靈精怪》、《亂馬½》……

我順手拿起日本漫畫來看，沒想到那完全是個新世界啊。一直以來只看過《小恐龍多利》或《奔跑吧，哈妮》這類乖巧善良的韓國本土漫畫，當我看到日本漫畫的時候，真的產生很大的衝擊。這就跟本來只吃嬰幼兒食品的孩子，第一次吃到調味食物時所產生的新鮮衝擊一樣。因極大的刺激和快樂而瞪大眼睛，我根本忘不了那股顫慄的感覺。

雖然討厭曾經殖民統治韓國的日本，但是卻不得不認同，日本漫畫棒極了，連愛國心都無可奈何。甚至到了只要一想到日本人長久以來都能看到這麼有趣的漫畫，嫉妒就會油然而生的境界。

但是漫畫在大人的眼中，尤其是日本漫畫，就是有害的東西。在還是小孩的我來看，也確實是這樣沒錯，竟然如此暴力又煽情。但本來就是對身體越不好的東西越令人覺得美味，無法放棄那個滋味的我，便背著大人偷偷躲起來看漫畫。長大之後就可以正大光明地看了吧？好想趕快變成大人喔。

從成年的二十歲開始，我主要都是看小說。因為想要看更複雜且更有深度的故事，自然而然就拿起小說來看了。因為我現在是個真正的大人了，想看什麼書都不會有人干涉，所以我覺得很好。雖然偶爾會有人問有這麼多書要讀，為什麼還要看沒有任何用處的小說……

我後來才知道，不看小說的人出乎意料地多。在他們看來，小說是荒誕無稽的故事，是沒有用處的東西，他們認為能獲得知識的書比小說有益。是啊，小說不是特別有用的書。儘管如此，我還是喜歡小說。難道我就是喜歡它的沒用嗎？我的手反而不拿知識、教養和自我開發相關的書。只要看這種書，不知為何就會有種「讀書」的感覺。我不喜歡「讀書」。

其實認真追究起來，我一直在看沒用的書。單純是為了有趣才看的書，所以我有很嚴重的偏食。而且重點總是放在故事上。主角經歷了怎樣的糾葛、有怎樣的感受、如何戰勝那件事（如何走向衰敗），是我唯一好奇的地方。

只要是故事，大部分我都會喜歡。不是只有小說或漫畫而已，我也非常喜歡電影。我也喜歡在酒席間聽到的人們的故事。彷彿一個不斷收集故事的人，讀了又看，看了又聽。即便如此也不覺得膩，這種程度似乎可以稱作故事中毒吧。故事到底是什麼？

故事就是人生，各式各樣的人生隱含在故事裡。所以，我也算是中了人生的毒吧。無論再怎麼讀，都還是很新穎、很令人無法理解，因此而感到好奇及有趣。

艾倫．狄波頓的著作《我愛身分地位》中，有這樣的一段話。如果刊登八卦新聞為主的報社針對文學作品來下頭版標題的話，就會變成下列這個樣子。

咦咦？小說？
有空讀這種沒用的書，
不如把時間拿來讀
自我開發的書，如何？
這是比自我開發更重要
的自我瞭解的書。

《奧賽羅》：「被愛蒙蔽雙眼的外國移民，殺死參議院議員之女。」
《包法利夫人》：「搞婚外情的女人購物成癮，爆發信用詐欺後畏罪服毒身亡。」
《伊底帕斯王》：「母子亂倫，盲目的愛。」

——節自《我愛身分地位》

如果略過漫長的原委和過程，只以結果做摘要的話，就會變成這樣子。瞧不起故事的代價就是如此殘酷。對悲劇主角的同感和理解消失了，並且被嘲弄與藐視給佔據。

按照這種方式做摘要，我喜歡的電影《花樣年華》就變成「和老婆的外遇對象之妻陷入熱戀」，《猶瑟與虎魚們》就變成「與肢障女談戀愛的青年，終究還是無法超越自我極限，以分手收場」。我不能容忍這種事情，因為這些故事對我來說是記憶中最淒美的愛情故事。單純因為不道德的關係或沒有結婚就被當作失敗的戀愛，似乎有點冤枉。或許看過電影的人也會和我有一樣的想法吧？

如果將主角們的故事從頭看到尾的話，就不會單純地使用世俗的量尺進行評價。還有，有一點我們不該忘記，就是我們的人生也跟他們一樣。所有人的人生都不是八卦新聞的頭條，而是非常漫長的故事，是一部小說。

「因為那個人賺很多錢，所以那是成功的人生。」
「因為我無法如願以償，所以這是失敗的人生。」
「因為最後沒和他結婚，所以這是失敗的戀愛。」
「因為這件事沒能成功，所以這是失敗的選擇。」

失去故事、單憑結果來評價一個人的習慣，就像迴力鏢一樣，會回過頭來評價自己的人生。於是把自己的人生變得失敗、曾經談過的戀愛變成浪費時間、單純與他人的比較也把自己變得很悲慘。但是這些都不是事實。說得更精準一點，雖然可以看作是這樣沒錯，但這並不是全部。我們的故事比表面上看到的還要多。

大叔們的那些以「想當年……」為開頭的英雄故事，也許是為了不要忘記自己的故事所作的掙扎吧？雖然我現在看起來不怎麼樣，但是我也是有過輝煌歲月的人，我也是有故事的人。難道不是像這樣在吶喊著嗎？這樣一想，就覺得大叔們有點可愛。哼，並不是因為我是大叔所以才這樣說喔。

看來應該要取消小說是無用之物的話了。事實上，我藉由小說學習了很多東西。我透過小說更加瞭解那些我無法解釋的感情，也透過小說更進一步地理解別人的行動和心意。

說不定知道更多的故事，
就可以具備更多的理解。

我一個人所經歷的人生，還缺乏很多故事，因此也缺乏理解。因為不理解人生、世界、他人，所以覺得很辛苦。或許是因為這樣，人類才發明了故事。我真的非常喜歡這個發明。

期待

有一部令人深深著迷卻難以言喻的電影。如果查詢資訊後發現這部電影是我平時喜歡的導演的新作，那遊戲就結束了。我會扳著手指倒數電影上映的日子，滿心期待著電影會有多有趣。

一到電影上映那天就衝去電影院買票，懷著忐忑不安的心情看電影。又要誕生一部人生電影了嗎？電影的片頭曲就已經如此不同凡響了。

電影結束之後，我還在座位上遲遲無法起身，呆呆地望著片尾的工作人員名單。不是因為太喜歡，而是因為覺得困惑。雖然無可挑剔之處，但是卻高興不起來。難道是因為對它抱有太大的期待了嗎？感覺電影不怎麼樣。

期望越高，失望越大。雖然偶爾會有高於期望的情況，但大部分都是這樣。所以可以的話，我盡量試著不帶任何期待去看電影。不僅是電影，所有的事情都一樣。吃東西的時候、參加聯誼的時候、讀書的時候，都是期望越高，失望的機率就越大。因為我深知這個道理，所以當我在推薦某個東西的時候，總是會加上這句話。

「請不要太過期待。」

在沒有期待的情況下，即使是看到同樣的東西，也會令人非常滿足。突然想起一個老掉牙的故事，看到玻璃杯裡裝著一半的水，有人會覺得「哎呀，只剩下一半了」，有人會覺得「哇，已經裝有一半了耶」。根據那個人不同的期待，相同的東西看起來也會有所不同。

期望並等待某件事或對象成為想要的樣子。

期待就是這樣的心情。因為已經有想要及期望的樣子，所以期待跟產生標準是一樣的事情。根據是否達到自己設定的標準，來決定是「期待之上」還是「期待之下」。相反地，沒有期待就等於沒有設定標準，沒有期待就是沒有期望。因為沒有期望，內心也會變得比較寬容。只要稍微好一點，也會覺得很滿足。

不期待的話，發生好事的機率也會比較高。實際上並不是發生好事，只是因為沒有期待，所以一點小事也會很開心、很滿足。相同的情況也會有不同的感覺。假如對人生不抱期待的話，是否也會充滿好事呢？說不定感覺就像充滿意外的喜悅和幸運的禮物一樣。但是要做到這樣並不容易，畢竟這是我的人生。

看來我抱有很大的期待啊。到底是期望著多麼了不起的人生，竟然會如此不滿足？仔細想想，確實是有點過度期待了。期待很大，標準也會很高，這麼一來，因為我的人生整體達不到期待的樣子，所以我就帶著快要瘋掉的心情過生活。將已經裝有一半的人生視為只剩下一半的人生，一直活在不滿足當中。

我很討厭叫人家拋棄欲望的話。每次聽到有人說必須要拋棄欲望才能對當下感到滿足，我都覺得非常不爽。這句話跟叫人家乖乖接受自己的處境，有什麼差別？聽起來就像「如果生來是奴隸的話，就滿足於當奴隸吧」，總是令我怒火中燒，有點宿命論的感覺。我不要活得這麼軟弱無力。現實不是既定的，而是由我來創造的。我一直以來都認為把理想定得很高並努力到達那裡是正確的態度。命運，我們決鬥吧！

命運不是既定的，有夢想、期望過得更好依然是很好的態度，這種想法仍舊沒變。但是我現在似乎有點明白拋棄欲望這句話的意思了。

哲學家塞內卡曾說過：「願意的人，命運領著走；不願意的人，命運拖著走。[18]」什麼呀？這句話是說所謂的命運就是如此無可奈何，所以只能乖乖接受嗎？你要這樣想也可以。

原來如此啊，你也這樣看待你的人生吧。

因為我一開始也是這樣想的。但是，難道這不是態度的問題嗎？這句話不是叫你接受命運，而是說用怎樣的態度過人生，才是問題的所在。相同的路，有人走得很舒適，有人卻是被拖著走。也就是說，人生也是根據不同的態度，會有不同的感覺。

「領著走」和「被拖著走」的差異就如同「已有一半」和「只剩一半」的差異，不是取決於現象，而是取決於內心。取決於我抱有多大的期待。期待越大，人生就越會變成「只有這樣的人生」、和我想要的不一樣

18 原文為：The willing, Destiny guides them. The unwilling, Destiny drags them.

的「被拖著走的人生」。

難道拋棄欲望這句話不是說不要有夢想，而是說可以有想要實現的夢想，但是不要抱太大的期待嗎？不是焦急地認為一定要實現才行，而是以輕鬆的心情朝夢想努力的人生，不要有太大的期待。

也許過著不抱任何期待的人生是不可能的事情。因為期待就是從希望有更好的生活開始的。這種時候就這麼說吧。

不要太過期待。

每當心裡產生欲望的時候，就像唸咒文一樣背誦這句話。是呀，不要太過期待，不要製造「必須要有這種程度」的標準。應該試著過沒有某種標準、沒有特別的期望、快快樂樂的生活。這麼一來，是不是就會有這樣的想法呢？

喔？出乎意料地還不錯耶，我的人生！

後記

當人生只感到疲累的時候

我曾學過幾個月的皮革工藝。一開始覺得用皮革做出某樣東西的過程很新奇，所以充滿興趣，但隨著時間過去，漸漸熟悉製作過程後，覺得麻煩的點就不止一兩個了。

「啊，好討厭塗膠水喔。你看，沾得滿手都是了。」

「塗皮革邊油有夠麻煩的。」

「這個用機器縫的話，根本花不到一分鐘，但現在用手縫卻縫了好幾個小時。」

「花時間、金錢來做這個，不如直接買還比較好。用買的還比較經濟實惠呢。」

雖然希望可以咻一下地跳過這些麻煩的過程，直接出現成品就好，但是並不會發生這種事。於是我就這樣漸漸失去樂趣，然後放棄了皮革工藝。

不久前和朋友聊到皮革工藝，我說了一些我感覺到的不滿（麻煩的過程），卻得到這樣的回答。

「你在說什麼傻話呀？那才是真正的樂趣所在啊。」

他是這樣跟我說的：「雖然用錢買既簡單又方便，但是親自製作的理由不僅是為了成品，還有為了享受過程。專注於麻煩的過程之中，不帶任何雜念，完全投入其中的時間，雖然緩慢到令人鬱悶，但是最後完成的喜悅才是真正的樂趣。做出只屬於我的物品不是目的，製作過程本身才是目的。」聽了這些話之後，我好像頭被什麼東西打到了一樣。沒想到會在這麼近的地方遇見賢者。

是的，我無法享受過程。我很喜歡投入的時間，也很喜歡親手做出某樣物品，但是為什麼我一點也不享受這件事呢？坦白說，比起過程，我更注重成品。只用更快速、更方便、更便宜的方式製作出成品的經濟觀點來看，當然不可能會覺得過程很有趣。啊，這不是單純的皮革工藝問題啊。我的人生不也是這樣過的嗎？

我總是羨慕著別人的成果。

「竟然能畫出這麼棒的畫。」

「怎麼寫得出如此完美的小說呢？」

「好羨慕那個人擁有的名聲。」

我也要變成那樣才行。我也能做到那種程度。就這樣仿效著我所憧憬的人，雖然嘗試了好幾次，卻無法維持很久。這是理所當然的呀。我想要馬上就獲得他們花了好幾年，甚至更長的是幾十年，才創造出來的結果，我當然不可能會順利取得。我心裡總是很急躁，常常因為沒有看到成果，就以「我可能沒有才華吧」為由，輕易地放棄了。

或許做某件事卻完全不期待成果是不可能的事。但我卻只注重成果，認為過程是為了獲得成果而必須要忍耐的時間。忘了過程本身也很有趣的事實，因此才會很容易厭倦。很少人可以持續做著無聊的事情，我羨慕的那些人不就是享受過程本身的人嗎？

雖然我總是希望可以跳過過程直接獲得成果，但是不可能會發生這種事。沒有過程就沒有結果。還有，只看著結果奔跑，過程會變得既痛苦又費力。還不保證一定會有好結果。

相同的工作，有人覺得辛苦，有人覺得有趣。雖然有可能是興趣或個性的差異，但是我認為也有可能是因為那個人對於該工作的態度。

「我會全力以赴。」

我們總是把這句話掛在嘴邊。但是這句所謂的「全力以赴」，其實包含了忍耐及戰壽司直接生吃也很好吃的說。

人生不能也直
接生吃嗎？
拜託跳過辛苦
的事情吧。

勝討厭的事情。一點都不覺得享受。

所以努力生活才會很辛苦。因為那是忍耐的人生。

既然是一樣的工作，「有趣地」做不是比「努力地」做還要好嗎？只要換個想法也能讓人生有所不同，這麼說是否太沒說服力了？

有句話因為很常見又很肉麻，所以我沒有特別喜歡，沒想到最後我還是將它派上用場了。

「天才無法戰勝努力的人，努力的人無法戰勝樂在其中的人。[19]」

這整句名言講得很好，然而這正

是問題所在。並不是因為想贏過別人才要樂在其中，就只是想活得有趣一點。當目的是贏過某人的瞬間，就絕對無法享受該過程了吧？總之就是這樣。

如今，努力生活的人生已經結束了。忍耐的人生已經活得夠多了。從現在開始，人生不可以為了結果而忍耐，過程本身就是一種樂趣。所以人生很有趣，我決定以後都這樣想。它不是想要咻一下就跳過的時間，而是要愉快地度過的時間。

不知不覺中，被遺忘的樂趣又復活了。這是這麼有趣的事情嗎？想要趕快完成的焦躁感不知不覺就消失了，現在的我希望討厭的針線活可以再繼續縫下去。雖然還沒有任何成果，但只有這件事我很確定，我現在非常樂在其中。

呼，差一點就太努力生活了。

19 這句話典出孔子：「知之者，不如好之者；好之者，不如樂之者。」韓國人將好之者理解為努力的人。

HEART
心視野 心視野系列 044

可不可以不要努力？

不優秀、不成功、不富有的我，選擇與他人眼中的「正確人生」決裂後，才做回了及格的「自己」

하마터면 열심히 살 뻔했다

作　　者　河浣 HAWAN
譯　　者　陳采宜
總 編 輯　何玉美
責任編輯　陳如翎
封面設計　木木 Lin
內文版型　葉若蒂

出版發行　采實文化事業股份有限公司
行銷企劃　陳佩宜・馮羿勳・黃于庭
業務發行　盧金城・張世明・林踏欣・林坤蓉・王貞玉
國際版權　王俐雯・林冠妤
印務採購　曾玉霞
會計行政　王雅蕙・李韶婉
法律顧問　第一國際法律事務所　余淑杏律師
電子信箱　acme@acmebook.com.tw
采實官網　http://www.acmebook.com.tw
采實臉書　https://www.facebook.com/acmebook01/

I S B N　978-957-8950-79-5
定　　價　360 元
初版一刷　2019 年 1 月
劃撥帳號　50148859
劃撥戶名　采實文化事業股份有限公司
104 臺北市中山區建國北路二段 92 號 9 樓
電話：(02)2518-5198　傳真：(02)2518-2098

國家圖書館出版品預行編目資料

可不可以不要努力？：不優秀、不成功、不富有的我，選擇與他人眼中的「正確人生」決裂後，才做回了及格的「自己」/ 河浣 HAWAN 作；陳采宜譯 .-- 初版 .-- 臺北市：采實文化，2019.01
288 面；14.8*21 公分 .--（心視野系列；44）

ISBN 978-957-8950-79-5（平裝）

1. 人生哲學　2. 生活指導

191.9　　107020577

采實出版集團
ACME PUBLISHING GROUP